ミネルヴァ日本評伝選

よく集め、よく施された

渋沢栄一

武田晴人著

ミネルヴァ書房

刊行の趣意

「学問は歴史に極まり候ことに候」とは、先哲荻生徂徠のことばである。
歴史のなかにこそ人間の智恵は宿されている。人間の愚かさもそこにはあらわだ。この歴史を探り、歴史に学んでこそ、人間はようやくみずからの正体を知り、いくらかは賢くなることができる。新しい勇気を得て未来に向かうことができる。徂徠はそう言いたかったのだろう。

「ミネルヴァ日本評伝選」は、私たちの直接の先人について、この人間知を学びなおそうという試みである。日本列島の過去に生きた人々の言行を、深く、くわしく探って、そこに現代への批判を聴きとろうとする試みである。日本人ばかりではない。列島の歴史にかかわった多くの異国の人々の声にも耳を傾けよう。先人たちの書き残した文章をそのひだにまで立ち入って読み、彼らの旅した跡をたどりなおし、彼らのなしとげた事業を広い文脈のなかで注意深く観察しなおす——そのとき、はじめて先人たちはいまの私たちのかたわらによみがえってくる。彼らのなまの声で歴史の智恵を、また人間であることのよろこびと苦しみを、私たちに伝えてくれもするだろう。

この「評伝選」のつらなりのなかから、列島の歴史はおのずからその複雑さと奥ゆきの深さをもって浮かび上がってくるはずだ。これを読むとき、私たちのなかに新たな自信と勇気が湧いてきて、その矜持と勇気をもって「グローバリゼーション」の世紀に立ち向かってゆくことができる——そのような「ミネルヴァ日本評伝選」にしたいと、私たちは願っている。

平成十五年（二〇〇三）九月

上横手雅敬
芳賀　徹

栄一の生家（渋沢史料館蔵）

王子製紙（渋沢史料館蔵）

東京市養育院（渋沢史料館蔵）

東京高等商業学校（渋沢史料館蔵）

はじめに

本書は、渋沢栄一の生い立ちから永眠までの九〇年を超える生涯を物語る。『論語と算盤』を代表作として栄一の思想について数多くの著作が、本人によるものだけでなく、多くの著者によって継続的に出版されている。そうした関心は、現代社会における企業のあり方に関連して社会的責任や社会的貢献などが問題として浮上したことを背景としている。たしかに、栄一が生涯を通して私たちに示しているのは、企業の経営者として、経営する企業の成長を第一に考えるようなものとは、かなり異質なものがあり、現在では主流となっている企業の経済学理論、とりわけ新自由主義的な株主本位の会社経営に対して批判的な視点を提供しうるものであろう。栄一は、社会的な弱者に対する救済活動などに力を尽くし、貧富の格差が拡大する経済社会のあり方に批判的な目を向け、その是正に努めた。また、平和的な世界の実現こそが実業の発展に必要な要件であることを自覚し、国際的な協調実現のために民間レベルの交流にも多くの時間を割いた。実業界において指導的な立場に立つことによって、求められる社会的な役割分担に誠実に向き合ったという点では、栄一と比較できる人物は、日本近現代史においては見い出せないだろう。そして、それらは現代において一層重要なものとして実業の指導者に求められており、現代社会が抱えるさまざまな問題に対する関心にそって栄一の生涯を論ずることの意味は大きいだろう。

しかし、本書では、その生い立ちから青年期の血気盛んな若者が、少し背伸びしながら時代の空気を吸い、また時代の変転に翻弄されながらも自ら進むべき道を見いだしてきた姿を、できるだけ忠実に描きたいと考えている。もっとも、この課題のハードルはかなり高い。栄一には、『渋沢栄一伝記資料』全五八巻、別巻一〇巻という膨大な記録の集成があり、それを隅々まで読み解くことは著者の力の及ぶところではないし、それぞれの関心からまとめられた研究的な書物も数え切れないほどある。それらのうち、比較的最近の研究成果についてはできるだけ読み込んで、その成果を吸収して執筆するように努めたが、それでも不十分なことは自覚している。しかし、現代的な関心が強い栄一の「思想」「理念」とは少し距離を置き、日本の近代社会の形成に果たした一人の人物の姿をできるだけあるがままに描くことにこそ、歴史的なアプローチの意味があると考えている。

それ故、本書では、栄一が近代経済社会の建設に関わりながら、その到達点を「合本主義」とか「道徳経済合一説」として語るようになるまで、その考え方がどのような経験の積み重ねのなかで、熟成されてきたのかに関心を払いたい。論者によっては、「合本主義」と総括されるような考え方が、かなり若いころからの栄一の考え方に見出されるとするものもある。しかし、その論拠のなかには、晩年になってから栄一が生涯を振り返りつつ、その事績を語るなかで「後付け」のかたちで説明されたものもある。したがって、回想的な談話をそれぞれの時代の栄一の行動記録のなかで確認しながら、変化、思想的な成熟を追うことが必要ではないかと思う。現代的な問題関心からは、栄一が到達した理念から議論を始めることによって得られる示唆が大きいことは十分に承知している。しかし、栄一が辿った曲折の多い青年時代からの考え方の変化を追うことも意味はあろう。そうした試みが、このコンパクトな書物のなかでどの程度果たされているのかは読者の判断に委ねる以外にはない。批判的な意見が聞かれることを期待している。

渋沢栄一——よく集め、よく施された

目次

目　次

図版写真一覧

渋沢栄一関連系図

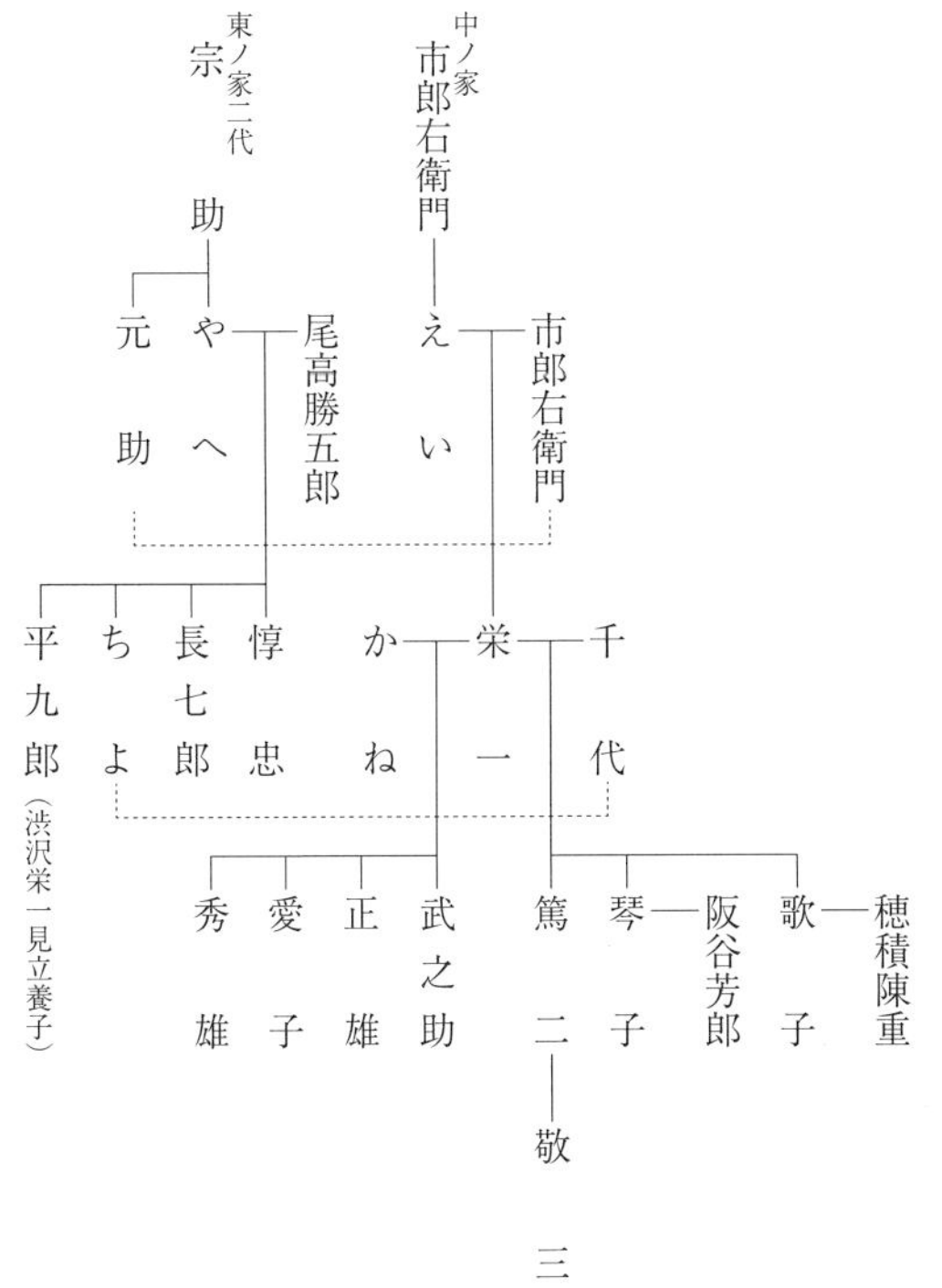

中ノ家
市郎右衛門
東ノ家二代
宗助
えい
市郎右衛門
元助
やへ
尾高勝五郎
栄一
千代
かね
惇忠
長七郎
ちよ
平九郎（渋沢栄一見立養子）
篤二
敬三
琴子
阪谷芳郎
歌子
穂積陳重
武之助
正雄
愛子
秀雄

凡例

1. 資料等の引用については、仮名遣い、用字については、原則として、現代仮名遣いと新字に、文語的な表現を口語的な表現に改めた。

とくに渋沢栄一の自伝の一つとされる『雨夜譚《うやたん》』については、『現代語訳渋沢栄一自伝』（守屋淳編訳）平凡社新書、二〇一二年を参照し、その現代語訳によるところが多い。

2. 引用史料については、本文中に（　）書きで、著者名（姓）＋巻号・頁数で示した。

たとえば、（石井A、＊＊頁）は、参考文献中の〈石井寛治A「銀行創設前後の三井組」『三井文庫論叢』一七号、一九八三年〉よりの引用を示す。名前の後の英字は同一著者の文献が複数ある場合の識別記号。

ただし、

①渋沢青淵記念財団竜門社編『渋沢栄一伝記資料』は、（伝記資料、巻号、頁数）
②青淵回顧録刊行会編『青淵回顧録』は、（青淵回顧録、巻別、頁数）
③第一銀行編『第一銀行史』は、（第一銀行史、上、頁数）、同書は上巻のみ。
④長幸男校注の『雨夜譚　渋沢栄一自伝』は、（雨夜譚、頁数）
⑤守屋淳編訳の『現代語訳渋沢栄一自伝』は、（守屋版、頁数）
⑥渋沢栄一記念財団編『渋沢栄一を知る事典』は、（事典、頁数）

と略記することとした。

なお、研究書等からの再引用で原典が確認できる場合にはこれを併記した。

第一章　商才と血気

1　学びの時期

生い立ち

JR東日本高崎線深谷駅の北口を出ると、駅前には、高い台座に和服姿ですわる渋沢栄一の銅像がある。郷里の偉人を顕彰するもので、栄一の生家は駅から北北西六キロメートルほどの血洗島《ちあらいじま》にある。栄一は一八四〇年（天保一一）二月（旧暦）に渋沢市郎右衛門の三男に生まれた。幼名は市三郎という。アヘン戦争の勃発した年であり、幕末維新の激動に向かう騒然たる政治社会情勢の前夜とも呼ぶべき時代であった。父は婿養子で、栄一の兄二人は早逝したため、栄一が実質的には長男であった。なお、この時代の人たちには珍しくないが、栄一は幼名市三郎から何度か名前を変えているが、本書では栄一という名前を通して用いることにしたい。

血洗島は一六世紀後半の天正年間に拓かれた村で、江戸時代の後半期には村の石高が四〇〇〜五〇〇

渋沢栄一像

〇石、五〇軒ほどの小さな集落で、「交通の要衝を周囲にひかえた地にあり、旅人の往来や物資流通が盛んであり、政治経済、文化などの新しい情報も入りやすい土地柄」であった（宮本、一八頁）。この地には渋沢姓が多く、栄一の生家は「中の家」（なかんち）と呼ばれていた。郷土史に詳しい高田知和によると、「なかんち」という口語表現が慣習的に使われていたものであるという（高田、七八頁）。

この「中の家」は、栄一の父市郎右衛門の代に資産を築いた。市郎右衛門は、商才に長けた働き者で、麦作や養蚕、そして換金作物としての藍玉の製造に力を入れて、村でも屈指の資産を築き、質もとり、金融も行うようになった（宮本、一九頁）。父は「渋沢市郎右衛門の家を一代で建て直し、渋沢宗助の家に次ぐ財を築くとともに、領主阿部摂津守（岡部藩）の御用達となり、金品を融通したことにより名字帯刀を許され、名主見習の役を与えられる」ことになったというわけである（鹿島、上、三二頁）。現在も残る生家は、一八九五（明治二七）年に妹てい夫婦が建て直したものであるが、その門構えからも当時の渋沢家「中の家」が豊かな家であったことが知られる。経済史・経営史の専門家である宮本又郎の推計によると、この時期の渋沢家の藍取引の利益は年一五〇〇両から二〇〇〇両となり、それは江戸時代を代表する豪商鴻池善右衛門の「年平均利益には及ばなかったものの、三井家のそれにまさるとも劣らないレベルに達していた」という（宮本、二二六頁）。

中の家

栄一は、父のことを「普段から多くの書物を読む人ではなかったが、四書五経くらいなら十分に読めて、かたわら詩を作り俳諧をするくらいの風流さもありました。また、真面目で厳しい性格に似ず、人に対してはもっとも思いやりの徳に富んでいて、人の世話はとても親切であった。しかも本人の働き方はいつも倹約質素で、ただ家業にひたすら努力するというすこぶるしっかりした人でありました」と語っている（雨夜譚《うやたん》、一六頁、守屋版、一六頁）。また、母えいについては、「大変慈悲深い人であったが、とくに私をいつくしみ、寒いときには私の羽織を持って遊びに出た私を追いかけて来られるほどであった」。また、「隣にハンセン病患者の家があって」、栄一の母は「着物や食事の世話までなさった」と、慈悲深く善行を重ねた人柄であったと回想している（雨夜譚、一七～一八頁、守屋版、一八～一九頁）。

栄一は父から手ほどきを受けた後、八歳のころから従兄で一〇歳年上の尾高惇忠《あつただ》（新五郎）のもとで漢籍を学ぶようになった。尾高は栄一の父市郎右衛門の生家（渋沢宗助家＝東の家）の娘やえの嫁ぎ先であった。尾高は、当時一般的であった素読ではなく、章句の意味を解説するなどの独自の教育法をとる一方、興味本位の読書も勧めた。栄一は『俊寛物語』や『通俗三国志』『里見八犬伝』、さらに『十八史略』『日本外史』を読んで読書の楽しみを知ったという（渋沢秀雄、一五頁）。鹿島茂は、この栄一の「学問のはじめ」は当時としては「例外的な学問環境」に置かれていたものと指摘している（鹿島、上、三六〜三九頁）。しかし、渋沢家の豊かさを考えれば、勉学に時間的な余裕があることは、それほど不思議なことではない。作男などの年期奉公人などがいる豊かな農家の子弟であれば、学ぶ時間は十分にあったのが、江戸後期の農村社会の姿であった。名主を務める親戚の渋沢宗助は養蚕技術書を著すほど農業知識と教養もち、剣術では神道無念流の使い手であり、私塾を開いていた。栄一はこの私塾で書法を学ぶなど、身近に手本となる人びとが多く、そうした人たちに育まれて高い教育を受けられたと考えられる（島田B、八頁）。

家業の手伝い

一四〜一五歳のころまでは「読書・剣術・習字等の稽古で日を送」っていた栄一は、「いつまでも子どものつもりでは困るから、今後はある程度の時間を家の仕事に充て」るように父から申しつけられ、農作業や藍玉の商売に関わるようになった。それまでも父の藍玉の買付けに随行していた栄一は、父の口まねをして駆け引きし、一人で買い付けができるようになり、一六〜一七歳のころには、十分に父の代役も務められるようになった（雨夜譚、一八〜二〇頁、守屋版、二二三頁）。

その後、栄一は「藍の商売については年に四度ずつ」「信州、上州、秩父の三か所をまわる」多忙な日々を送ることになった。その間、栄一は、名産品とされる阿波の藍に負けない品質の藍の製造を志し、「ある年には、近くの村から多くの藍を買い集めて、その藍を作った人びとを招待したうえで、相撲の番付のようなものを作って見た。つまり、藍の善し悪しに応じて席順を定め、いちばんよい藍を作った人を一番上席にすえて、多くの人を招待し……同業者を奨励した」（雨夜譚、三六頁、守屋版、三四〜三五頁）。それは、「藍作農民の名誉心、競争心を刺激し、藍作への意欲を引き出し、品質の向上に努めるなどの実践」的な取り組みであった。こうして栄一は商才を磨き上げていった。

2　血気にはやる

百姓というものは実に馬鹿馬鹿しい

家業に精を出すなかで、栄一は、自らの境遇に強い疑問を抱くようになっていった。きっかけは、一八五六（安政三）年、栄一が一七歳の時のことであった。この時、血洗島では領主から御用金の拠出を命じられた。「中の家」の御用金分担額は五〇〇両であったが、所用があった父の名代として岡部にある陣屋に出頭した栄一は、代官若森権六に対して「父の代理で御用をうかがいに参りました」、「一応父に申し聞いてから、さらにお受けに参ります」と返答した（雨夜譚、二五〜二七頁、守屋版、三〇頁）。

御用金はこれが初めてではなく、栄一によれば、すでに二〇〇〇両を拠出していた。「持ち帰って父と相談して返答する」との態度をとる栄一に対して、代官は直ちに請けることを強要し、栄一を侮辱する言葉を投げつけた。栄一は、「領主は、当然の年貢を取りながら返済もせぬ金員を、用金とか何とか名を付けて取り立てて、その上、人を軽蔑嘲弄して、貸したものでも取返す様に、命示するという道理は、そもそもどこから生じたものであろうか」と憤った（雨夜譚、二七頁、守屋版、三二頁）。馬鹿にされても栄一は、承諾しないまま断固として陣屋を辞去した。しかし、帰宅して父に「泣く児

千代夫人

と地頭では仕方ない」と説得され、再度出頭して御用金を納めた。

この事件は、栄一に幕藩体制のもとでの身分制社会の対する批判、不満を強く意識させることになった。「幕府の政治はよくない」「百姓というものは、実に馬鹿馬鹿しい」と虫けら同然の扱いを受けることへの不満を募らせ、幕末の混乱のなかで、尊皇攘夷・討幕運動にのめり込んでいくきっかけとなった。

そんな栄一を心配した父の市郎右衛門は、一八五八年（安政五）に尾高勝五郎の三女千代を栄一の嫁に迎えることにした。千代の母が市郎右衛門の姉に当たり、従兄弟同士の結婚であり、尾高惇忠の妹でもあったから、栄一にとっては幼いころからよく知った相手であった。父の思惑は、嫁取りをすれば浮わついた心持ちも少しは落ちつきを取り戻すのではないかというものであった。しかし、そんな親心は栄一には全く伝わらなかった。

江戸遊学と討幕運動計画

結婚から三年ほど、二二歳になって栄一は、「このまま田舎で百姓などをしていられない」との覚悟を内心で定め、父に江戸遊学を願い出た（雨夜譚、三二頁、守屋版、三五～三六頁）。「遊学」とはいっても、特定の師について学ぶわけではなく、「世の志士と親しく交際」し、彼らの議論を聞き、「実際にいまの世の実情をみておきたい」との目論見だった。この心の持ちようは、幕末期の草莽の志士の志と同じであった。父の許しで二カ月ほど江戸に出ることができた栄一は、一七歳のころに抱いた思いをいかに実現するのかという方途を探ることになった。この後、江戸には二四歳の時にも四カ月ほど遊学している。

こうした遊学の機会に憂国の志士と交流するなかで栄一は、「攘夷一途に思い込む」ようになった（雨夜譚、四〇～四三頁、守屋版、三五～三六頁）。その志を遂げるために、栄一は、「このさい天下の耳目を驚かすような大騒動をおこして幕政の腐敗を洗濯」する必要があると考えるようになった。そのために親戚の尾高惇忠や渋沢喜作と謀って、高崎城を襲撃して乗っ取り、兵備を整えて横浜に進軍する計画を練った。槍や刀なども密かに買い集め、江戸遊学時に千葉道場（玄武館）で懇意となった志士なども誘って総勢六九人、決行日を一八六三（文久三）年一一月二三日と定めるまでに準備は着々と進められた。

決行を前にした九月の月見の祝いの席で栄一は、父にそれとなく「自分を家の縛りから自由にしてくれるように」、つまり勘当して親子の縁を切るように願い出た。父は、はじめ「望むべきではないものを望んでいる」と、農民としての本来の役割を守るように栄一の「不相応な望み」を「了見違い」と制止した。押し問答は、夜を徹して続いたが、夜が明けてから父は思い切りよく栄一を自由にすることを許した。父子の長い夜であった。

その後、一〇月下旬、幕府から坂下門外の変に関与した嫌疑をかけられて京都に逃れていた従兄弟の尾高長七郎（惇忠の弟）が、計画を知らされて郷里に急ぎ戻ってきた（雨夜譚、四一〜四五頁、守屋版、四七〜五二頁）。長七郎がこの計画の有力な援軍となると期待し、また、京都の情勢なども知るために、栄一が帰郷を求めたからであった。ところが、戻ってきた長七郎は、高崎城襲撃計画を「暴挙」として反対した。長七郎は、「おまえを殺しても挙行を阻止する」と強行に主張し、これに対して栄一も「長七郎を刺しても挙行する」と応じて激論となった。栄一は、幕府の政治を「洗濯する」ために異議を申し立てる襲撃計画は全国的な攘夷運動・討幕運動の高揚につながると考えていた。たとえ自らの計画が失敗に終わったとしても、憂国の志士たちが続々と後に続くことになると思っていた。これに対して長七郎は、八月に大和五条代官所を襲撃したものの一カ月ほどで鎮圧された天誅組の失敗を例に引き、栄一の計画はただの百姓一揆と同じようなことになると主張して譲らなかった。

激論の末、結局「犬死になるという長七郎の道理」に気がついた栄一は、計画を断念した。しかし、断念した後の始末は、計画の立案など以上に細心の注意を必要とした。不発とはいえ幕府に叛旗を翻す計画は、いずれは人の知ることになるかもしれず、そうなれば栄一たちに捕縛の危険が迫ることは間違いなかった。そう考えて栄一は、渋沢喜作とともに伊勢参り・京都見物を吹聴して、一一月初旬には郷里を旅立った。京都あたりに身を隠そうということだった。高田知和は、この栄一の一連の行動について、「郷里の普通の人たちは、いったい何て若者だろうかとあきれたに違いない」と推測している（高田、八二頁）。

第二章　幕臣から新政府へ

1　志をまげて士官する

京都に出る

喜作とともに出立した栄一は、江戸に寄り、かねてから懇意であった一橋家の用人・平岡円四郎《えんしろう》を訪ねた。道中の安全を図るために、「一橋家の家来」という立場を借りるためだった。平岡は、一橋慶喜《よしのぶ》の供をして京都に出ており留守であったが、留守宅の平岡の妻女から「オレが留守のときに両人がきて、家来にしてもらいたいといったら許してもよい」と言われているとのことであった（雨夜譚、五一～五二頁、守屋版、五五頁）。こうして平岡家の配慮で、栄一と喜作両人の、唐突で無遠慮な申し出が認められた。

「一橋家の家来」という触れ込みで東海道を上った栄一と喜作は、一一月二五日に京都に到着し、攘夷実行を念頭に志士たちとの交際を求めていった。そのなかには相国寺に宿を取っていた西郷隆盛との面会もあった。その間、栄一は出郷の際に父に無心して当座の生活費として受け取った一〇〇両の金子をかなり費消してしまった。栄一は、後日談として志士たちとの交際に金がかかったなどと言い訳しているが、実家の商売で商才を発揮し、経済観念も確かなはずの栄一にしては、財布のひもの締め方はゆるかったようであった。

そんな日々を送るなかで従兄弟の長七郎が幕府に捕縛されたとの知らせが入って驚愕した。栄一と喜作がそれより先に長七郎に送っていた書状も押収されたからであった。その書状には「京都は有志の人も多いから、貴兄も京都へ来て一緒に力を尽くすのがよい」と誘い、幕府への批判を書き込んであった。そのため、栄一と喜作にも幕府の追及が及ぶことは必至と懸念されるようになった（雨夜譚、五五頁、守屋版、六〇〜六一頁）。

進退に窮した二人が長七郎捕縛の報せを受け取って不安な夜を明かした翌朝、平岡からの呼び出しがあった。一橋家の家来を名乗っていたこともあって、おそらく何らかの照会があったものだろう。平岡は栄一たちに「何事も包み隠さず話してくれ」と問いただした（雨夜譚、五八〜六四頁、守屋版、六三頁）。そして事情を聞いた平岡は、栄一たちに、それまでの信条・志をまげて一橋家に仕官することを勧めた。行き場を失っていた栄一たちにとっては、渡りに船の願ってもない話であった。しかし、栄一は、仕官を承ける条件として、一橋公に意見書を出すこと、拝謁を認めてもらうことの二つの条件を願い出た。「進退窮まって、志をまげて仕官する」という外見を払拭するための無茶で、身勝手な要求だった。平岡は、完全ではなかったが、その願いを実現させた。こうして栄一と喜作は一橋家に奉公することになった。このころの栄一の行動は、血気盛んで、若気の至りというにしても、少し度の過ぎるところがあった。

一橋家での奉公

栄一が仕えることになった一橋家は、京都の治安維持を担う禁裏《きんり》御守衛《ごしゅえい》を命じられていた。「奥口番《おくぐちばん》」という、屋敷の奥に通じる出入り口の番人という最下層の端役を仰せつけられて、栄一はなんとか身の安全と糊口を凌ぐことができるようになった。出郷時に父から与えられた一〇〇両はとっくに使い果たし、友人からの借金が二五両に達していたから、仕官はそれだけでも願ってもないことのはずであったが、それでも、前述のように臆することもなく栄一は条件を出して「格好」をつけた。

もちろん、栄一は無為に禄を食むつもりはなく、たとえば関東に下って志のある者を一橋家のために集めた。この旅中に平岡が暗殺される事件があって栄一の将来に影を落とすことになった。しかし、栄一は後任の黒川嘉兵衛の信頼を得ることができるようになり、黒川が諸藩の人びとと交際する宴席に随行するようになった。一八六五（元治二）年二月に小十人《こじゅうにん》という役職に出世した栄一は、一橋家が京都の治安をあずかるうえでは軍備が不十分であることに目をつけ、黒川に「御領内の農民を集めて歩兵を編成」することを提案した。この進言が一橋慶喜の採用することとなり、栄一は「歩兵取立《とりたて》御用掛《ごようがかり》」として一橋家の所領である備中（岡山県西部）井原に赴いた。この兵員募集は当地の代官が暗に妨害したこともあってスムースにはいかなかった。しかし、しばらく滞在し、地元の儒学者や剣術家などと交際するなかで地元農民の栄一に対する評価も改まり、二〇〇人あまりが応募してきた。

その後、播州（兵庫県南西部）、摂州（同南東部）、泉州（大阪府南西部）などに点在する領地も回って四五〇人ほどを集めることに成功した（雨夜譚、一〇〇～一〇一頁、守屋版、一一一頁）。

この兵員募集の旅で栄一は、もう一つ新しいアイディアに思い至った。それは領地からの収入を増やすために、播州の米や白木綿、備中の硝石などの特産品について、販売方法などを工夫すれば利益が増えることが見込め、一橋家の収納も増加できるというものであった。このアイディアの実施のために栄一は、勘定組頭に任ぜられることになった。栄一の目論見は、硝石製造では成功しなかったが、販売方法などの仕組みを改めた米については販売価格の引き上げに効果をもたらした（雨夜譚、一〇八～一〇九頁、守屋版、一一五頁）。良質の米であることから酒米として販売するなどの販路の工夫も講じた。また、藩札を発行する一方で領内の木綿を集荷して藩札で買い上げ、大坂の問屋で売りさばいた。藩札発行は一八六六（慶應二）年のことであるが、引き換えのための元金に十分に注意して信用維持に努めたから、藩札によるこの仕組みは十分に機能し、一橋家の財政に貢献したと栄一は回想している（雨夜譚、一〇〇～一〇四頁、守屋版、一一六頁）。

徳川昭武のフランス派遣随行

栄一の藩財政への貢献が実を結びつつあった矢先、一橋慶喜は第一五代将軍に就くことになった。一橋家に仕えていたにもかかわらず、栄一は幕府の将来には懐疑的で慶喜の将軍職就任には反対であり、幕府は「大黒柱一本を取り替えても維持できない」と考えていた（雨夜譚、一一八頁、守屋版、一一七頁）。しかし、この件については意見具申の機会も与えられないままに将軍家相続が定まり、栄一は「本当にため息が出るというか、残念というか、その時の心中はいま考えてみても失望の極みでした」と回想している（雨夜譚、一二〇頁、守屋版、一一九頁）。

慶喜の将軍職相続の結果、栄一は幕臣の末席に連なることになったが、仕事も手に着かず、「いずれは幕府は潰れる」「このままでは亡国の臣となる」と考えていた。慶喜が将軍職を正式に受ける前に、長州征伐（第二次）に乗り出す勅許を得ると、栄一は進んで最前線に立つことを望み、潔く戦場に散る覚悟を決めて、郷里の妻千代にはさりげなく別れを告げる手紙と形見の懐剣を送った（渋沢秀雄、二二四～二二五頁）。この長州征伐の企図は薩摩などが幕命に従わないなどのこともあって出陣見合わせとなり、栄一は命を長らえることになった。その後、慶喜の将軍就任とともに栄一は陸軍奉行支配調役を仰せつけられることになり、不慣れな役職にますます意欲を失い、一八六六（慶應二）年一一月には浪人になる覚悟を決めていた。

ところが、その月末に、慶喜の弟である徳川昭武《あきたけ》が一八六七年に開催されるフランス万国博覧会に派遣され、これを機に数年間留学することになり、栄一は総勢二〇人ほどの使節団の一員に加わることを打診された。慶喜の推挙によるもので、栄一はこの幸運に飛びついた。旅支度を早々に調えたが、それも「黒羽二重の小羽織と、緞子《どんす》の義経袴一着と、いま見るとどんな貧乏な御者でも穿かないような靴を買って、それから、……ホテルの給仕などが着たと思う燕尾服古着一枚（ただし上着のみ）という、簡単なにわか仕立ての準備であった（雨夜譚、一二六～一二七頁、守屋版、一三〇頁）。しかし、あまりに不細工な準備であったのであろうか、後日、香港に上陸する時に得意げにこれを着た栄一に「その服装はあまりにおかしい」と同船の外国人船客に注意されて、栄一は赤面することになる（渋沢秀

フランスにて

雄、一四〇頁）。

一八六七年一月にフランスの郵便船アルヘール号で旅立った昭武の一行は、スエズ経由で二月末にはマルセイユに到着し、そこから鉄道に乗ってパリに向かった。道中、上海から香港、サイゴンに寄港するなかで、栄一は、「眼に映るもの悉く珍奇の世界」であったと語っている。出発前までは、攘夷の観念が強く、「欧米諸国を目して夷狄禽獣《いてききんじゅう》」とみていた栄一は、その現実的な判断力と観察力とによって、次第に考えを改め「向こうに行けば行く程恐れ入って」学ぶことに徹するようになっていった（見城、二一～二二頁、原資料は欧米視察談」『国家学会雑誌』一九〇三年六月号）。その心境を栄一は郷里の尾高惇忠に次のように書き送っている。「西洋の開化文明は、聞いていたより数等上で、驚き入ることばかりです。天下の気運とでも申すのでしょうか、到底人知の及ぶところではありません。（中略）私の考えでは、結局外国に深く接して長ずる点を学び取り、わが国のためにするほかなく、以前の考えと反対のようですが、今さら日本が孤立することなど思いもよりません」と（渋沢秀雄、一七五頁）。

その船旅の途中、西洋人が進出した上海・香港などでは現地の中国人が貧しく牛馬のように酷使されていることを目の当たりにした（青淵回顧録、上、一三五頁）。当時スエズ運河は開鑿《かいさく》中で、栄一はその企図の雄大さに感服したとも語っている（青淵回顧録、上、一四三頁）。スエズからアレキサンドリアに向かうなかで鉄道に初めて乗車し、パリでは新聞の重要性などに着目し、オペラ座や病院なども見学している。さまざまな形で、西洋文明を体感する日々であった。

昭武は、万国博覧会に出席しただけでなく、スイス・オランダ・ベルギーを歴訪したのち、一度パリに戻り、イタリア、そしてイギリスを訪問した。この間、栄一は使節団の書記兼会計という裏方の役をこなしていた。

欧米随行時代，洋装の栄一

イギリス訪問からパリに戻る前後に、慶喜が将軍職を返上した（大政奉還）とのニュースがパリの新聞に掲載された。年が明けるまで、パリに滞在する日本人には、このニュースを信じるものは少なかったが、栄一は唯一人、これが現実と直覚し、昭武の欧州滞在（留学）の期間を延ばす算段に注力していった。

フランス滞在中に栄一は、髷を切り落とした。その姿を写した写真が送られてきたのを見た妻千代は、「御髪切りそぎ。かの国ざまの衣きて写し給いたる写真送らせ給いたり。勇しき御面わは元のまゝながら。見もなれざる御よそほいなる」を見て、「あさましう」感じて人に見せることもはばかっていたと、栄一の長女歌子が回想している（伝記資料、1、四八一頁、原資料は穂積歌子『は、その落葉』）。栄一は「郷に入れば郷に従え」という言葉があるように、異国の文化を知るためには違和感のある姿では無理だからと考えてのことだと弁明している（井上、二八〜二九頁）。断髪などの近況を知らせる一方で、栄一は千代に「たとえ、十年が二十年とて相替りなき赤心、唯々いじらしきはそなたの事に候えども、国のためと存じ候わば辛抱もなるべく、よくよく御了簡、短気なきようなされたく、くれぐれ念じまいらせ候」と気を遣った手紙も送っている（渋沢秀雄、一五〇頁）。フランス滞在がどのような意味で国のためになると栄一が考えていたかは、判然とはしないが、いまだ国事に奔走する青年の心意気で、欧米視察の随行に邁進していたのであろう。

フランス体験と「合本」の思想

昭武に随行した欧州歴訪では儀礼的な訪問も含めて見聞が広がり、栄一は、西欧の進んだ経済社会に感銘を受け続けた。とくに、栄一は、官と民とが対等であることに衝撃を受けていた。若いころに身分制社会の不条理に憤った栄一であったから、官尊民卑という日本の現状打破が必要だということを改めて痛感した。また、昭武の留学滞在費用のやりくりのなかで、勧められて手許に預かっている滞在費を一時的に公債や株式に代え、それによって利殖の策を講じ、近代的な経済制度の利便性にふれた。

この経験は、論者によっては「西欧における『合本主義』の制度、思想を実体験で学んだ」ものであり、「企業の株式組織について、小額の資本を集めて大規模な事業を行う『合本』制の巧みな運営に大いに感心させられた」と評価されている（見城、二三頁）。ただし、「実質一年半という期間で、また随員という立場である栄一が、実際に欧州で学んだものは限定的なものであると思われ、過大評価は避けなければならない」とも指摘されている（事典、五〇頁）。

実際には『青淵《せいえん》先生六十年史』第一巻に収録されている栄一の談話や、欧州旅行当時の『航海日誌』には、たとえばスエズ運河建設の企図の壮大さと、その目的の「鴻益を図る」ことへの賛辞はあっても、その実施のための経済組織が「合本」であったことなどを語った記述は見出せない。一九二七年に刊行された『青淵回顧録』上巻の「経済組織の発達を痛感す」という項目でも、前述のような滞在費用のために公債や鉄道株を購入したことが触れられているに過ぎない。

これに対して、鹿島茂は、栄一が欧州旅行のなかでサンシモン主義にふれ、とりわけ万国博覧会におけるナポレオン三世の演説などを通して、「瞬時に万博の理念そのものを理解し、ひいてはその背後にあるサンシモン主義の思想も把握した」と評価し、その理想の実現の手段の一つとして、株式会社制度を銀行、鉄道、運河などとともに認識したと捉えている（鹿島、上、一八〇頁）。しかし、この評価は鹿島の解釈を示したものであり、栄一の語った言葉によるものではない。栄一の言葉としては、最晩年の一九三一年三月の『竜門雑誌』に次のような記述がある。すなわち、「フランスでの留学は、遺憾ながら水泡となって帰朝したが、約二ケ年フランスに滞在した間、またその間イギリス、イタリア、ベルギー、オランダ、スイス等を巡遊した時に、最も感じたのは、事業が合本組織で非常に発展して居ることと、官民の接触する有様が頗る親密であることであって、一面からは合本組織で商工業が発達すれば自然商工業者の地位が上がって官民の間が接近して来るであろうと思った」というのである（伝記資料、1、六〇五頁、原典は『竜門雑誌』五一〇号、一九三一年三月）。この言葉は、鹿島茂なども感じているように、官尊民卑を打破する社会革命を目指すイデオロギー的な意図が込められていることは間違いない。しかし、それは、経済発展を通して商工業者の地位向上を果たすことが主目的であり、その手段として「合本」が重要な意味をもつと感じていたということであろう。そして、それは個人経営の限界を克服するうえで法人組織に活路があるということでもあった。しかし、だからといって法人組織の作られ方、その特徴が捉え切れていたとわけではないだろうし、「合本」の有用性を栄一がフランス滞在中に自らの信念とするほどになったことを示すものでもない。したがって、栄一の合本組織についての捉え方は、留学体験によって直ちに感得されたものではなく、後の経験を踏まえて、まとめ上げられていったと考えるのが妥当であろう。ここでは、合本組織のアイディアを留学体験に直結させることには慎重である必要があると考えておきたい。

むしろ欧州滞在の期間中、栄一が「攘夷」の尻尾を切り落として欧州文明の高さを素直に受け入れながら、それを盲目的に称賛したわけではなく、「目の前の事実を客観的に観察し、ありのままに淡々と記し」、「のめり込みもしなければ、拒否反応も起こさず、ヨーロッパ文明を、吸い取り紙のようにあるがままに吸収しようとした」（佐野、五七頁）というのが、より妥当な評価であろう。その上で、維新期に洋行した体験者の多くが共和制などの政治制度に強い関心を示したのと比べると、栄一は経済的な仕組みなどに視線を向けていたことに特徴があった（島田B、二六頁）。

2 新時代の制度設計に携わる

幕府の瓦解によって使節団は帰国することになったが、栄一は昭武の欧州滞在を留学という目的に変えて延長することを画策していた。そのため、栄一は郷里の父市郎右衛門に手紙を書いて、昭武と随員三人ほどが四～五年ほどパリで生活できる費用を無心した。市郎右衛門は二つ返事で引き受けて田畑を売り払っても資金を捻出するつもりだった。しかし、この金策は不要となった（佐野、六二頁）。水戸藩藩主徳川慶篤《よしあつ》が死去したため、その後を昭武が継ぐこととなり、帰国を余儀なくされたからであった。

帰国し静岡に移る

こうして日本に戻った栄一は、横浜で国内の情勢などを聞き、身の処し方を考えることになる。渋沢喜作は、鳥羽伏見の戦いでは軍奉行として出陣し、その後江戸に戻ってからは彰《しょう》義《ぎ》隊《たい》を組織して頭取となったが、内部の意見対立からこれを離れ、別に振《しん》武《ぶ》軍《ぐん》を率いて飯能の能仁寺を本営として倒幕軍と戦ったが敗れ、函館の榎本武揚のもとに参じていた。しかし、榎本軍は「軍艦の足の速さを持ちながら、むなしく一か所に留まって慎重策を練るというのは、みずから敗北を招く道理で、きわめて拙い策」をとっていた（雨夜譚、一四九～一五〇頁、守屋版、一六一頁）。この榎本軍の動きからこれには将来がないと判断した栄一は、喜作に向かって榎本軍の戦略では「勝利の覚束はない」として「潔く討ち死にを遂げられよ」と書き送った（雨夜譚、一五〇頁、守屋版、一六〇～一六一頁）。大政奉還以前から幕府体制の存続は難しいと判断していた栄一としては、自然な判断だった。

栄一の家族にも大きな不幸が見舞っていた。尾高長七郎はすでに死去しており、栄一に代わり「中の家」の跡取りとして「見立養子」となっていた長七郎の弟平九郎は、喜作の下で振武軍に加わり、飯能の戦いで討死していた。

そんな辛い知らせを聞いた栄一は、そのころの自らの心境を次のように語っている。

つらつら今までのことを回顧してみると、幕府を倒そうとしていろいろ苦労したはずのこの身が、反対に倒される側になって、やるべき道を失ってしまった。残念であるが、また困り果てもした。されればとて、目下羽振りのよい権力者に従って新政府の役人となろうとするのも心に恥じることである。だから、たとえ当初抱いた志ではないにせよ、いったん前の君公に恩顧を賜った身に違いないので、むしろ駿河に行って一生を送ることにしよう。また駿河に行ってみたら何か仕事があるかもしれない。もし何もするとがないとすれば、農業をするまでのことだ（雨夜譚、一五四頁、守屋版、一六六～一六七頁）。

このように思い定めた栄一は、その意を昭武に伝えた。こうして昭武の許しを得るとともに、慶喜への書状を昭武から託されて、栄一は静岡に向かった。処遇は決まっていなかったが、昭武は栄一が慶喜の返事を携えて水戸に戻ることを求めた。昭武は、欧州旅行中に身辺の世話に奔走していた栄一を頼みにし、信頼できる側近として水戸に同道させたかったからであった。

静岡に赴いた栄一は、静岡藩の全権を委ねられていた大久保一翁《いちおう》に昭武の書状とともに使節団の概略を報告した。到着の翌々日には城下の宝台院に謹慎中であった慶喜のもとに参上し、拝謁してもろもろの報告を果たした。栄一は、昭武の申しつけに沿って慶喜からの返書を預かって水戸に向かうつもりであったが、すぐに沙汰はなく、数日を無為に過ごすことになった。

ようやく藩庁から礼服で出頭するようにと連絡があって、借り着の礼服で中老の詰め所に行くと、藩の勘定組頭を申しつけられた。これは栄一には意外のことで、水戸に返書を届ける御用があることを申し立てたが、大久保からは「速やかにお受けするように」との返事であった。怒りのあまり辞令書をたたきつけて栄一は役所を辞去した（雨夜譚、一五七頁、守屋版、一七〇頁）。

栄一としては、「窮乏の藩の財産をむさぼる了見で、自分は静岡まで来た人間ではない」というわけであった。それに昭武への返書を他人に委ねるというのは、人情の上でも受け入れがたいと考えた。しかし、この決定は、栄一が水戸に行った場合に起こりうる問題などに配慮した慶喜の計らいによるものであった。後日、そのことを大久保から説明を受けて、栄一は自らの不明を恥じ、静岡にとどまることを決断するとともに、勘定組頭は辞退して自立する方策を模索することになった。藩の役職に就いたとしても、天皇親政の新しい時代が開かれていけば、藩の存続も危うく、成果もおぼつかず、志に適うものではないと考えていたからであった。静岡にとどまる決断をした栄一は、妻千代と長女歌子を静岡に呼び寄せた。

商法会所の設立運営

農業か商業に従事したいと模索していた栄一が着目したのは、新政府が設けた「石高拝借」の制度であった。この制度を活用して静岡藩の財政に貢献すべく、栄一は拝借金を「別会計にして、これを基本に殖産興業を進め、その運営中に生じる利益を返納金に充てる」仕組みを作ることにした。そのような形で静岡藩の商業振興のために栄一は、「西洋で行われている『共力合本法』を採用するのが最も必要な急務」として、「今、この『共力合本法』の便利さ、有益さを有力商人たちに理解させたならば、この地方で少しは『合本』ができるに違いない」と考えたと後に語っている（雨夜譚、一六三頁、守屋版、一七八～一七九頁）。それは、個々の商人の資金力では限界があるから、「共力」して経営し、資金を持ち寄って商業等の活動に運用することが有効という考え方にたった、文字通り資金を合わせる「合本」であった。資金提供の形式は、出資と見なすべきものとともに、預金の形のものもあったから、この商法会所は、性格的には銀行と商社の二面性を持っていた。

この商法会所について、鹿島茂は「今日で申せば株式会社のようなもので、静岡藩からの借用金と民間の資金とを寄せ集め、いわゆる合本組織として経営する事になったのであるが、恐らく之が我国に於ける合本組織の会社の出来た嚆矢であると思う」という栄一の回顧談を紹介しつつ、山本七平『渋沢栄一　近代の創造』（祥伝社、二〇〇九年）、坂本藤良『幕末維新の経済人』（中央公論社、一九八四年）を参照しながら、「明治二年という年は、福澤諭吉の『丸屋商社』（元旦）、渋沢の『商法会所』（正月）、三野村利左衛門《みのむらりざえもん》の『東京貿易商社』（二月）と、合本組織の設立ラッシュだったが、いずれも、小栗（上野介）の『兵庫商社』（慶應三年四月――引用者挿入）には一歩及ばない」と書いている。ただし、それに続けて鹿島は「出資の株式の形態からいうと、その公募的性格、売り買いの自由、資本と経営の明確な分離という点では、渋沢の『商法会所』がもっとも近代的な株式会社」と評価している（鹿島、上、三五七～三五八頁）。

しかし、この評価は少し過大であるように思われる。商法会所の基本的な性格は、藩の出資（基金）に基づいた藩有藩営の組織として設立され、御用商人たちを実働部隊として運営されていた経済組織であり、民間の事業としての性格を敢えて強調するとすれば、事業組合の一種とでもいうべき未熟なものであった。

商法会所の性格の穿鑿《せんさく》は、関心を持つ研究者に任せることとして、先に進むと、一八六九（明治二）年の春には藩庁の許しを得て商法会所が設立され、栄一は自ら頭取となって。藩庁の役人や御用商人たちを補佐役として、商品抵当の貸付金、定期当座の預り金、米穀や肥料の買付・売却を行うことになった。ただし、版籍奉還によって藩制度が大きく変化するなかで、新政府から藩営の事業と疑われることを危惧した藩庁からの命令で、五月に商法会所の名称を「常平倉《じょうへいそう》」と改めることになった。「常平」とは価格を安定させておくことを意味するものであったが、その活動内容は、東京で肥料を買い、大坂で米穀を買い入れ、価格の上昇に乗じて「米穀は利益があるとみれば時々これを売却し、肥料は駿府や遠江領内の村々へ貸しつけて相応の利益を収める」（雨夜譚、一六六頁、守屋版、一八二頁）というものであった。

しかし、相応の収益を得られる見通しもつきはじめた一〇月に栄一は、新政府からの御用があるとの通達を受けて上京することになった。通達を受けた栄一は、常平倉の仕事が軌道に乗りはじめていることもあって、静岡藩の中老大久保一翁に辞退したい旨を内々に申し出た。しかし、「藩主の御迷惑になる」と説得されてやむをえず上京することになった。

大蔵省出仕

一一月初めに太政官に出頭した栄一は、「大蔵省租税司正」を仰せつけられた（伝記資料2、二四二～二四三頁）。予想外の展開に戸惑う栄一は、大蔵省の大隈重信に面会して、辞退の意向を伝えた。しかし、大隈は真の国家を創り出すためには、さまざまな要務があり、それに取り組む一同は「この新事務について学問も経験もあるべきはずはないから、勉めて協力同心して前途の成功を期するほかない。ゆえに今足下のいう駿河に起こした新事業というも、これを日本全体の経済から見る日には誠に小さな事だから、その小を棄てて大なる方に力を尽すのが日本人民たる一分からいっても道理にかなうのではないか」（雨夜譚、一七三頁、守屋版、一八六頁）と説得されて、新しい任務に就くことになった。

こうして栄一は、攘夷運動を志しながら、挫折して不本意ながら一橋家に仕官し、しばらくして幕臣となって前途を悲観するなかでフランスへの視察団に随行し、これも帰国を命じられて静岡藩にもどり、藩財政の再建を図ろうとして着手した直後に新政府へと出仕するという変転極まりない道を歩んだ。これについて栄一は、自らの人生に家業の養蚕に重ね合わせて「……自分の身の上は、あたかも蚕が最初卵種から孵化して四度の眠食をかさね、それから繭になって蛾になり、再び卵種になる有様で、二四、五年間に、ちょうど四回ばかり変化しています」と語っている（雨夜譚、一二頁）。また、別の機会には、人生の目的が変化していくのは、「私の無知また怠慢」からではなく、「外部の事情がこれを変えさせたのである」とも語っている（見城、三四頁）。状況の変化に応じて柔軟に進路を見極め、与えられた職責に忠実に邁進するのが栄一の流儀であった。

この突然の新政府からの呼び出しの背景には、昭武に随行した栄一の仕事ぶりを伝える記事が『明治新聞』（一八六九年七月一五日発行）に掲載されたことがあったという。栄一の名前が新聞に登場する最初といわれるが、この記事では静岡藩にいる渋沢栄一という人物は、フランス滞在中に二万両の予算を残しただけでなく、「自分一個の才覚で四万両の利益をたくわえた。この四万両を静岡藩内の生活困窮者に分配し、自分は一銭も私しなかった。これこそ忠臣忠節の鑑ではないか」と栄一を讃えていた。栄一が随行時に発揮した才覚が評判を呼び、新聞にも取り上げられ、これに新政府が注目したものではないかとの推測されている（佐野、六九頁）。これについて、井上潤は「渋沢を推薦したのは、郷純造《ごうじゅんぞう》（郷誠之助の父——引用者注）なる人物であった。渋沢の情報を得た郷が、一面識もない渋沢を推薦したということは、よほど期待を寄せていたと思われる」と指摘している（井上、四〇頁）。大隈重信も郷のことは記憶に残っていたが、郷の情報源は、この新聞記事であったのかもしれない。

着任早々、栄一は大蔵省の事務が渋滞し、新政府が改革に向けた諸政策を立案しようにも、ままならない状況にあることを痛感した。そこで栄一は、大隈に対して改革のための組織を新設し、才能ある人材を抜擢して改革案の立案にあたることを提案した。この提言は、大隈の考えにも一致していたことから、一二月末には改正掛を設けることとなり、栄一が租税司と兼務で掛長となった。東京に移った栄一は、六九年一二月に湯島天神中坂下に居を定め、家族を静岡から呼び寄せた。翌一八七〇（明治三）年春には静岡藩から前島密《ひそか》、赤松則良《のりよし》、杉浦愛藏、塩田三郎などを改正掛に登用して総勢一二〜一三人ほどの陣容を整えた。

この大蔵省在任中に栄一は、五稜郭の戦いに加わって囚われの身になっていた渋沢喜作が特赦によって出獄した時には大蔵省勧業課に迎え、一八七二（明治五）年に蚕糸業調査のためにイタリア・フランスへ視察に向かわせた。ただし、喜作が帰国した時には栄一は大蔵省を辞めていたこともあり、喜作もそのまま退官して横浜で生糸商、東京深川で廻米問屋を開き、後に東京商品取引所の理事長となった。この間、投機的な取引にのめり込みやすかった喜作が相場に失敗して多額の借金を抱えたときにも、栄一はその負債整理に助力を惜しまなかった。現在、東京白金台にある八芳園《はっぽうえん》は喜作が隠居生活を送った屋敷跡である。また、栄一は、富岡の官営製糸場の初代所長として恩師である尾高惇忠を推薦した。尾高は自らの娘を女工として送り込むなどの苦心を重ねながら経営を軌道に乗せるべく尽力した（佐野、七二〜七三頁）。

改正掛における栄一

栄一の提案で新設された改正掛では、全国測量の企図、租税の改正、交通通信の改革、貨幣制度の改革などに議論を尽くすことになった。この時期の新政府では、廃藩置県、銀行制度の創設、地租改正などの維新の主要改革に向けた動きが着々と進行中であり、そのなかで栄一も多忙を極めた。

とりわけ栄一が腐心した問題は、廃藩にともなう藩札や藩の負債の整理策であった。藩が廃止されるとともに、藩札の価値が下落すれば経済は大きな打撃を受けるし、藩の債務が返済されないとすれば、貸し手の商人たちも立ちゆかなくなる。処理を誤れば、「竹槍筵旗《むしろばた》の騒動」を見ることは避けられない。こう考えていた栄一らは、廃藩置県の布告に間髪を入れずに藩札の引替を布達する必要があった。そこで、廃藩置県の大号令とともに栄一は、「井上（馨《かおる》）の指揮に従ってわずか両三日の間にその方法を立案して、数十枚の処分案を条記し、これを井上の手許に出した」（雨夜譚、一九九～二〇〇頁、守屋版、一八一頁）。こうして藩札は、新貨幣単位（円、銭、厘）により価額を査定されて実交換相場によって回収されることになった。藩債については、三〇年以上経過した藩債は切り捨てる一方で、それ以外は新政府が返済の責任を引き受けることとして、その債務に対して公債証書を交付することとした。

大蔵省時代の栄一

続いて、栄一は大蔵省の職制に関わる規程の整備や簿記法の調査、銀行制度の調査にも携わった。このように課題は次々と持ち上がり、問題は山積していたが、栄一は一八七一（明治四）年夏に「大隈、伊藤（博文）、吉田清成などの人びとと同行して大坂に旅行」した帰路、自らの進路について思い巡らし、次のように考えていた。すなわち、「熟《つらつら》将来の日本の経済を考案してみるに、この末、政府においていかほど心を砕き、力を尽くして貨幣法を定め、租税率を改正し、会計法または合本の組織を設け、興業殖産の世話があったとして、今日の商人ではとうてい日本の商工業を改良進歩させる事は成し能わぬであろう。ついてはこのさい自分は官途を退いて一番身を商業に委ね、およばずながらも率先してこの不振の商権を作興し、日本将来の商業に一大進歩を与えようと志望」するようになった（雨夜譚、一八二～一八三頁、守屋版、二〇四頁）。

そこで、大隈・伊藤にその意を伝えたが、強く慰留されて望みは叶わなかった。前年から取りかかっていた通商司の後始末もあり、その難しさの一つが商人たちの卑屈な態度であったことが、栄一が官途を退こうと考えた理由だった。若いときに「百姓は馬鹿馬鹿しい」と痛感し、官尊民卑の身分制社会を打破したいと考えた初心が、強く栄一を突き動かしていた。合本の提言も、孤立した商人たちでは権力と対等な関係には立てないと考えていたからに他ならなかった。そして、官の側にいては、いつまでも初志を遂げられないと思い至り、新しい道を探り始めていた。

父の死と辞職

辞職を思い立った理由にはもう一つあった。栄一は、新政府の経済運営に不満を募らせていたからである。とくに大蔵卿大久保利通が財政の均衡に関心がなく、他の省庁も含めて新政府の改革に熱心なあまり必要な経費については、いわば求められるだけ予算をつけるというありさまであった。この問題が顕在化したのが、一八七一（明治四）年八月の陸軍省歳費八〇〇万円、海軍省歳費二五〇万円という予算要求案であった。これについての意見を下問した大久保に対して、栄一たちは「入るを量って出るを為す」との原則こそ政府予算では尊重されるべきと考えていること、したがって、いまだ歳入（税収）の見通しも立てうる十分な統計もないまま巨額の歳出予算を決めることは適切ではないことなどを理由に強く反対した。

この件で大久保の機嫌を損ねたと感じた栄一は、最高権力者が財政の根本原理も理解していない状況では、自らが任せられている諸改革の立案実行に希望がもてないと考えて、井上を訪問して辞職を申し出た。井上は栄一を再び慰留し、しばらく大坂造幣局に出張させた。出張から栄一が東京に戻ったのは、一一月一五日のことで、この直前に岩倉具視《ともみ》を正使とする使節団が、条約改正を目的とする欧米歴訪に出発した。大久保もこれに同行したので、大蔵省は、井上が差配することになっていた。井上は、大久保が不在になることをあらかじめ承知していて、栄一の怒りが収まる時間を作ろうとしたのであろう。

この大坂出張から東京に戻った栄一には、父が急病で倒れたとの知らせが届いていた。そのため、大坂出張の報告など要務を一日ほどで急いで済ませ、栄一は、郷里に向かった。翌一六日の深更に帰郷した栄一は、それから昼夜を分かたず看護にあたったが、その甲斐もなく父は二三日に永眠した。栄一は、「終天の遺憾で、慟哭の至り（天が終わるほどの心残りで、泣き崩れる）に耐えられなかった」と回想している（雨夜譚、一九一頁、守屋版、二二〇頁）。それから二年後、母えいも市郎右衛門のあとを追うように他界した。

悲しみのなかで父の葬儀を営んだ栄一は、一二月初旬に東京に戻った。この時、栄一は湯島天神中坂下から神田小川町裏神保小路に転居している。そんな慌ただしい私事に追われていた栄一が務めていた大蔵省は、廃藩置県後の秩禄《ちつろく》処分などの重大な課題に直面し、井上のもとで財政の健全化に努めていた。しかし、司法省や文部省などから過大な予算要求が出て、政府部内では激しい対立が生じた。岩倉使節団派遣によって有力者の一部が不在でも改革の歩みは止まることなく進められており、次々と過大な予算要求が突きつけられていた。井上は、司法省・文部省の要求を拒絶するために政府部内で説明を尽くしたが、聞き入れられることはなかったため、決然と辞職を決意した。

一八七三年五月三日に井上は、大蔵省職員を前に辞意を表明した。この時、栄一は、これまでも再三にわたり民に移って事業を携わることを申し出ていたこと、それ故、一時の怒りからの行動ではないことを明らかにしつつ、自らも辞職することを表明し、井上とともに政府に辞表を提出した。辞表が受理されたのは、五月二三日であった。

この間、栄一は井上と連名で財政改革に関する建白書を三条実美《さねとみ》公を経由して奉呈した。その文章が『曙新聞』に掲載されたことから、江藤新平司法卿などの怒り買い、政府の機密を漏洩したとして井上と栄一は罰金を科せられる事件もあったが、二人は意に介することはなかった（雨夜譚、一九八頁、守屋版、一二〇頁）。後日談だが、この建白書を新聞に公表することを勧めたのは芳川顕正《あきまさ》であったという（伝記資料、3、七五五頁、原典は『世外候事歴』）。

退官する栄一の選択をいぶかる周囲の声に対して、栄一は次のように語ったと伝えられている（渋沢秀雄、二二八〜二二九頁）。

御忠告はかたじけないが、いささか信じるところもあり、思ったとおりにしたい。私に能力あるとみてくださることは誠にありがたいが、もし能力があるとすれば、なおさら官界を去らなければなりません。もし人材がみな官界に集まり、才能なき者ばかりが民業にたずさわるとしたら、どうして一国の健全な発展が望めましょう。はばかりながらいわせてもらえば、官吏は凡庸の者でも勤まりますが、商工業者は相当に才覚ある者でなければ勤まりません。ところが、今日の商工業者にいまだ力のある者がそうはいない。士農工商という階級思想の名残りで、官にあることは光栄に思うが、民にあることは屈辱に感じる。この誤った考えを一掃することが急務です。それにはまず商工業者の実力を養い、その地位と品位を向上させることが第一です。彼らを社会の上位に位させ、徳義を具現する者こそ商工業者だ、という域にまでもっていかなければなりません。この大目的のために精進するのはいわば男子の本懐です。

第三章　民業の地位向上を志す

1　銀行経営に乗り出す

国立銀行条例の制定

一八七三（明治六）年五月に官を辞した栄一は、実業に従事し、それを通して国の発展に貢献したいと考えていた。その第一歩となったのが、第一国立銀行である。栄一が銀行設立に関わることになったのは、在官時代に銀行条例の立案制定に関わり、これに連動して三井組の銀行設立計画に関与していたという経緯からであった。

明治のはじめ、金融制度の近代化のために明治維新政府は、銀行の設立と紙幣発行に基づく通貨制度の改革を重要な課題として取り組んでいた。栄一は、当初はイギリス流の中央銀行制度などを範とした制度設計にかたむいていた。これに関連して明治維新政府は一八七〇（明治三）年一一月はじめに伊藤博文、芳川顕正、福地源一郎などをアメリカに派遣し、銀行制度の調査にあたらせていた（島田B、四五頁)。その建議書が七一年二月にアメリカから届いた。これは金本位制度の確立、金札引替交換証書の発行、紙幣発行会社の設立などを提案するもので、この案に基づいて七一年五月に新貨条例が制定されることになった。

こうして金本位制度が採用されることになったが、次の課題は太政官札などの不換紙幣に代わる兌換券を発行することであり、その主体となる銀行制度の設計であった。この点について、井上馨や栄一の考え方とは異なり、伊藤博文は米国流の「国立」銀行制度の導入を主張し、これを推進しようとしていた。「国立」といっても官営の銀行の設立ではなく、国法に基づいて設立される民間銀行であった。その特徴は、中央銀行を中核とするイギリスの金融制度と異なり、複数の発券銀行が、分権的に紙幣発行を担うものであった。栄一は、国内に金貨の蓄積が十分ではないこともあって、考えを改めて伊藤の提唱する国立銀行制度のための法案の準備に協力することになった。

この経緯からも明らかなように、国立銀行制度の基本的な考え方がまとまる過程に栄一が関与した可能性は小さい。これについて徳田敦司の紹介するところによると、日本経済史家の土屋喬雄《たかお》が栄一の「調査立案」になるものとしたのに対して、日本金融史を専門とする経済学者・高垣寅次郎が批判し、伊藤の渡米以前からアメリカの制度を翻訳した草案によって法案の基本骨格が準備されていたことなどを理由に土屋説を否定している(徳田、四七頁)。つまり、国立銀行条例は「渋沢の手になるものではない」が、その基本骨格が伊藤の建議によって定まった後、その具体的な制度の設計に栄一は参加することになったというわけであった。

こうした動きのなかで、三井組は、新貨条例に基づく地金の回収業務や新旧貨幣の交換業務を新政府から単独で請け負い、それを基礎に銀行の経営に進出することを計画していた。『第一銀行史』によると、「渋沢大蔵大丞は大蔵大輔《たいふ》井上馨に謀り、江戸時代より両替商として重要なる地位を占めてきた三井組や小野組等の富商に対し近代的銀行の設立を勧奨した」からであった（第一銀行史、上、七六頁）。この計画実現のため、三井組は一八七一年には日本橋開運橋際に多額の費用を投入して西洋風五階建ての建物の建設に着手した。前後して、同年七月に三井組から銀行設立と兌換券発行の願いが出され、政府の許可が下りた。この願い出は、実質的には栄一の起草によるものと伝えられている（島田B、四七頁）。

しかし、この動きは伊藤が構想していた国立銀行制度とは銀行の基本形態を異にすることから強い反対が出され、九月には白紙に戻された。その後、一八七二年二月には小野組からも銀行設立の請願が出されたが、政府は三井組と小野組が合同して銀行を設立する方針に傾いていき、七二年一一月に国立銀行条例が制定され、これに基づいて第一国立銀行が設立されることになった。国立銀行は紙幣発行額の四割を金貨によって兌換の準備とする発券銀行であった。こうして発行される兌換券によって通貨の安定を図ることが企てられていた。

先行していた三井組の銀行設立計画が井上や栄一などの賛同も得ていたにもかかわらず、一方的にその内約が反故にされたことについて、三井組の三野村利左衛門の孫が書いた『三野村利左衛門伝』では、栄一は退官後に自らその経営にあたろうという密かな意図があり、そのために三井単独の銀行

三井ハウスとして建設された建物

設立について反対に回ったと推測している。栄一が面目を失ったであろうことは間違いないが、『三野村利左衛門伝』の憶測は、栄一にとってはいわれのない非難であろう。伊藤の構想に基づく国立銀行設立の案が政府の方針として採択されたことから、もともと欧州系の中央銀行制度に基づく通貨・金融制度の設計を考えていた栄一にとっては、不本意ながらこれに従うしかなかったということのようである。

こうした方針転換のもとで、栄一は、一八七二年春には三井組と小野組に対して合同での銀行設立を数度にわたり働きかけたが、いずれも政府提案には消極的であった。そこで、五月に至り、井上の私邸に栄一と芳川顕正（紙幣頭）が、三井八郎右衛門と小野善助とを集めて協力するよう「告諭」して、六月には両組連名の「銀行設立願書」が出されることになった。政府からは、三井組に対して越後屋呉服店の分離、新たに建築された三井ハウスの拠出なども要求されていたから、この当初方針の転換による新銀行の設立は政府の強い権限によって推進されたものであった。それは、官と民との関係でいえば、官が力尽くで三井組の計画を潰したとみられても仕方のないものであり、官尊民卑を打破するという栄一の信条とはずいぶんとかけ離れたものであった。

三井組でこの交渉の実質を担っていたのは、三野村利左衛門という明治維新期の三井組の経営危機を乗り切るために抜擢された番頭であった。後のことだが、三野村は、栄一が官を辞した際に三井組に栄一を誘い、自分の後任にするという好条件を提示したと伝えられている。それほど栄一の力量は評価されていた。しかし、栄一は、この誘いは断った。三井のために働くというのは、民に移る栄一の志とはずれがあったからであろう。

それはともかく、三野村は政府の無理難題を受け入れて第一国立銀行設立に協力した。清水喜助の設計施工によって建築された三井ハウスの提供にも同意した。ただし、三野村によれば、工事費用五万八〇〇〇両の建物を一二万八〇〇〇両で売却したので、そろばんは合っていた（島田B、五一頁）。

第一国立銀行の設立

一八七二（明治五）年一一月の国立銀行条例公布を受けて、「第一国立銀行株主募集方布告」が印刷・頒布され、さらに翌年三月まで三十数回にわたり『東京日日新聞』に株式募集広告が掲載された。株式募集は、国立銀行が制度として株式会社制度を正式に採用し、これを組織の基本原理にしていたことに対応したものであり、アメリカの制度に倣うものであった。この募集広告では、銀行が遊休化しやすい資金を流動化させて活用することで産業を振興し経済の発展につながると、その効用を説明していた。

しかし、言葉を尽くした積極的な株式募集にもかかわらず、銀行という制度になじみがなかったことに加えて、当時としては高額面株となる額面一〇〇円の株式の募集であったために、一般応募の株数は四四〇八株に過ぎなかった。三万株を発行して資本金三〇〇万円を集める計画であったが、発起人である三井組、小野組の引受二万株二〇〇万円を加えて二万四四〇八株、二四四万八〇〇〇円が設立時の資本金となった。栄一は、四〇〇株四万円を出資して株主の列に加わっているが、三井組、小野組の関係者（同族や三野村利左衛門、古河市兵衛など）を除くと、一五万円を出資した西川甫《はじめ》（もと徳島藩士で維新後には堂島米取引で財を成し、七六年に『大阪日報』を創刊し社主となる）に次ぐ出資額第一二位の株主であった。

公募の難航以上に問題であったのは、三井組と小野組とが経営の主導権を争いかねない対立を抱えていたことであった。井上と栄一が官を辞した直後の一八七三年六月第一国立銀行の創立総会が開かれたが、その総会で株主として出席した栄一は、将来の方針として、第一に銀行条例と成規に照らして「毎事を精確にし漸く方法を整理する事」、第二に、取締役については、株主全体の選挙によらず三井組・小野組から「衆議の上適当の人を撰任し能く旧情を去り公正を体しその事を取扱わしむる」こと、第三に、選出された役員が「自他混淆し又は争利奪益の弊」がないとはいえないので、「別段の申合規則を設立し且毎事を監正するの役員を殊に株主中その器に当る者より撰任」することを提案した（第一銀行史、上、九一〜九三頁）。

第三の「申合規則」について栄一は、自らの草案を示して株主一同の賛同を得た（第一銀行史、上、一〇三頁）。これによって、三井・小野両組の人物中より選任されるべき取締役たちの上に立ち、「毎事を監正する」役員を「株主中その器に当る者より撰任」して監督に当たらせるべきだとの栄一の主張に沿って、第一国立銀行は取締役とは別に「総監役」を置くこととなり、栄一はこれに就任した。総監役の任務は、「頭取取締役支配人の処務を補助検案し、銀行一切の事務立則と現務とに拘はらず都《すべ》て之を管理し、相当の考案を立て、頭取その他の役員に告諭亦は指令する」ことを掌るものであった

（第一銀行史、上、一一八～一一九頁）。また頭取以下諸役員の執務の「実況を監視」し、条例、中合などの条款にもとることがあったり、その他の約束類を実行しないことあれば、「誰彼を論ぜず充分に之を糺正《きゅうせい》懲戒」できることになっていた。つまり、「総監役は頭取以下諸役員に対する監督者であり、その監督権の発動は告諭、指令、糺正、懲戒にまで及ぶ」ものであった（第一銀行史、上、一二〇頁）。

こうして栄一は、第一国立銀行の実質的な最高責任者となった。

2　薄弱な経営基盤の改善

初期の銀行経営

開業から約一カ月後、第一国立銀行は「本店毎月実際報告」という簿記による経営状況報告を行い、開業年の末までにはすべての銀行帳簿を西洋式簿記に改めるなど、内部の組織を整えていった（宮本、八〇頁）。こうしたなかで、総監役としての栄一は取締役、支配人等を督励して主なる商人等との取引の開始を勧誘させた（第一銀行史、上、一七二頁）。しかし、「旧来の問屋商人等は銀行に関する知識もとぼしく、且つその成行を危ぶむものが多く、預金者を増加することは困難であった」という。栄一の回顧談によると、「古風な商売人は吾々共を、今に潰れるのだというような観念を以て待遇されましたから、どうしても新旧の調和が程能く運びませぬ。試みに第一銀行の経営当時のことを調べて見ますと、たいてい三井と小野が出金して、三井と小野がその金を借りて、悪く言えば「いたちごっこ」みたいな商売をして、新しい方面に得意を開くということは、十にして一とも言えない位の有様であった」（第一銀行史、上、一七五頁）。それ故、銀行業務といっても、得意先も見つからず、守旧主義の商人たちに代わって近代的な商業活動に従事する商人たちが育たない限り前途は多難であり、「自分の理想を実行することは出来ない」と考えるようになった、とも述べている（伝記資料、29、六〇五頁）。のちに栄一は、抄紙会社（王子製紙）の設立に尽力するようになった理由として、有力な得意先を養成するためであったと語っている。栄一の事業活動が銀行業を超えて多様な分野へと広がりを見せる基盤には、このような事情もあった。

それだけ商人たちは伝統的な両替商を核とする全国的な金融決済システムに慣れており、それなりの利便性があったのであろう。そうしたなかで、「少数ながら開明的商人にして取引を開くにいたったものもあり、数口の融通を申込むものもあって、その時々証文を作成するのは手数であるので、はじめて根《ね》証文《しょうもん》の制を設けた。すなわちあらかじめ顧客に根証文の差入れをもとめ、簡便なる方法にて融資の便をはかった」という（第一銀行史、上、一七二頁）。他方で、大蔵省の御雇外国人シャンドを招いて、佐々木勇之助など後の幹部職員となる人びとに業務の伝習を行った。シャンドの「銀行簿記法」に準拠した洋式簿記の採用は、こうした方策によって実現した。

しかし、銀行内では、三井組と小野組の考え方が対立することも多く、銀行経営は混乱を極めていた。一八七三（明治六）年七月の開業時に一三四万円余の営業元金で営業を開始した第一国立銀行では、七月の開業直前に小野・三井の両組がそれぞれ一四万二〇〇〇円を借り出し、銀行開業時にも返済がなかった。そのために営業資金の実額は八六万円弱であり、それらの貸金は全く抵当がなく且つ払込済資本金の一〇分の一を越えていた。小野組に対する無抵当貸付金はその後、七一万五〇〇〇円に達したが、三井組出身の取締役も三井組がしばしば銀行から借り出していたために敢えてこれを制止することができなかったという（第一銀行史、上、一九〇～一九一頁）。

したからである。

小野組破綻　混乱する第一国立銀行の経営は、思わぬ事件によって大きく転換することになる。それは一八七四（明治七）年一一月に政府が実施した抵当増額令によって小野組が破綻

小野組は、三井組や島田組とともに、明治はじめから維新政府の為替方として官金出納の事務を引受け、廃藩置県後には租税金の為替送納を取扱い、これに関連してそれぞれが巨額の政府預金をもち、それらの資金を自ら経営する事業に投じていた。

政府は、当初、この預金について少額の抵当設定を命じただけであったが、一八七四年二月にそれまで四分の一であった抵当額を三分一に引き上げた後、一〇月には官公預金の全額相当に抵当を増額する命令を出した。これが抵当増額令であり、これに対応するために三井、小野、島田らは流用して自ら事業に投入している資金を回収するか、他から資金を借りて抵当を揃える必要が生じた。この実態を無視した無茶な命令が出された背景には、同年の台湾出兵の後始末を巡って維新政府が清国との開戦の危機に直面していたことがあった（石井B、二五七頁、武田C、二六頁）。そして、その結果、小野組と島田組は抵当増額の命令に対応できず閉店に追い込まれた。

栄一によると、「小野組は明治五、六年頃に全盛を極めて居たが、余り手広くやり過ぎた為に、不

確実なる事業に資本が固定し」ており、この状況で政府預金の抵当を揃えることはできなかったという。『第一銀行史』では、政府の措置は小野組の放漫経営に危惧を抱いた政府が強硬措置に踏み切ったものとしているが（第一銀行史、上、一九〇頁）、これは事態の推移を正確には捉えていない。開戦の危機意識によって、その影響を十分に考慮もせずに、抵当を増額することで政府資金をすぐに使える状態にすることが優先された措置だったというべきだろう。

こうして第一国立銀行の設立に関わる二つの豪商のうち、小野組が破綻して三井だけが残ることになった。三井組は、かねて懇意であった井上馨からの情報があって、抵当増額に備えていたために破綻を回避できたと言われてきた。しかし、これも実際には、三野村利左衛門の奔走によってオリエンタル銀行から一〇〇万ドルを借り入れて凌ぐことができたに過ぎず、外資の侵入を防ごうとしていた国の方針に抵触するものであった。しかも、この借入金の返済期日に三井組は、返済資金が用意できず、政府の援助を求めたことが明らかにされている（石井A、三四頁）。

出資者が破綻しただけでなく、小野組の破綻は、第一国立銀行の重要な融資先の破綻でもあり、その回収が重大な問題となった。破綻直前までの小野組では、銀行関係を総理する小野善右衛門の関係と、小野組の糸店を主催する古河市兵衛の関係との二つの事業があり、第一国立銀行の貸出もそれぞれに巨額にのぼっていた。このうち破綻直前に七一万五〇〇〇円に達していた無担保貸に対して小野組は七〇万円の証券を担保として差し入れた。そのほか小野組または小野組番頭古河への貸金が大阪と横浜の分をも含めて六一万五、六〇〇〇円ほどに達しており、これに対しては「担保として不動産、動産、公債証書等を合わせて六十一万千五百八十円、更に大阪における預金と株式割賦金一万七千円があった」（第一銀行史、上、一九一頁）。すなわち、破綻直前に第一国立銀行は、相当額の担保を確保していたわけであるが、それは、三井組同様に井上馨からの注意があったからとされている。井上からの注意を受けた渋沢の機敏な行動とともに、第一国立銀行への影響を軽微にとどめたのは、小野組番頭古河市兵衛の「信義を重んじ資産を隠蔽せず、自ら進んで抵当物を提供したという公明な態度によるところも大であった」（第一銀行史、上、一九二頁）。

この間の事情を栄一の回想によると、「余が経営して居た第一銀行は、小野組が百万円の大株主であったから、余もそれを信用して百三、四十万円の貸金を為して、これが抵当として、本店からは第一銀行の株、糸店からは生糸や米を提供してあったが、それに就いて別に確固たる契約書を取った訳でもなく、言はば信用貸のようなものであった」。ところが、その信用貸先の小野組が突然破綻したために、栄一は銀行の将来のために、そして広く実業界のために「非常に心痛した」という。

この時、小野組の古河市兵衛が栄一を訪れて次のように申し出た。

私も種々御配慮に預ったが、小野組もいよいよ存立が覚束なくなって来た。就いては小野組が閉店する為に貴下に御迷惑をかけ、銀行を潰す様なことが有っては済まぬ。私の借用金は信用貸とはいえ、是だけの仕事であるから是だけの金融をして貰い度いと言って借りたのであるから、手続こそ不完全でも、品物は抵当も同様なものである。それ故私の方に在る財産を綿でも米でも鉱山でも、悉皆差入れるから、直に正当な処置を取って下さい。

つまり、古河は進んで抵当権の設定を申し出で「此の倉庫の米が何俵、此の生糸が幾何というように、貸金に相当するだけの抵当物を提出した」。そのために第一国立銀行は大した損失を蒙ることはなく、危機を脱した。栄一は、この古河の態度について、「世間普通の者なら、破産に際すれば、有る品物をも隠匿したがるのが人情である。然るに氏は隠匿するどころか、自ら進んで抵当物の提供を申し出て、必ず御損を懸けぬ様にするといった。如何にも立派な男子らしい態度ではあるまいか。誠実にして且つ勇気ある者に非ざれば、到底学ぶ能わざる所であろう」と語っている（伝記資料、4、一二七～一二九頁、原典は、『竜門雑誌』一四五号、および五日会編『古河市兵衛翁伝』追録、一九二六年）。

この時の古河の態度に感銘を受けた栄一は、後に金融面から援助して、古河の銅山開発に協力することになったが、それについては、後述する。

経営改革と減資

小野組破綻の後、総監役としての栄一は、これを機会に銀行経営の「大改革」を断行することが急務と考え、一八七五（明治八）年一月に紙幣頭の指令を仰ぐ建議を提出した（第一銀行史、上、一九五頁）。その建議で栄一は、小野組破綻前後の銀行の状況について、小野組離脱によって「今日の実際を論ずれば、此銀行は全く三井一家の別店に等しく、その役員の如きも多くはその隷属に出づるを以て、たとえ株主の衆議に出て、その事務を処分する名ありと雖ども、その約束を厳正して之を践行するの実なければ百事三井の考案に帰せざるを免れず」と指摘し（第一銀行史、上、一九七頁)、このままでは、銀行条例に則った経営が難しいことから、九条に及ぶ改革案を提示した。

その骨子は、第一に、総株高二五〇万円のうち一〇〇万円を減少し、これに伴い銀行紙幣六〇万円を返納すること、第二に、当期損益については、小野組及び古河市兵衛に対する滞貸約一〇万円と島田組等への貸付のうち七万円分を当期利益から償却し、残余は次期の利益で補塡することによって、財務的な問題を処理するものであった。そのうえで、その後の経営方針として、第三に、三井との取引を一般の方法に改めること、第四に、銀行貸付金の方法について秩禄公債や洋銀などの確実な担保をとり、取引高も一五万円を上限とすること、第五に支店を大阪・横浜のみ存置し、廃止する神戸・西京両店等の関連した取引については必要に応じて三井組とのコレスポンデンス契約(コルレス契約)に代えること、第六に「諸役員を転免し申合規則増補を更生する事」によって有名無実の弊害を除去すること、第七に、「大蔵省御預り金取扱規則更正を乞う事」、第八に「定期当座預り金」については、資本金の二倍までを限度とすること、第九に「発行紙幣の準備金」については、これまでの三分の二を半額に減額するよう求めることを提案し、承認を求めた。

このうち、第一は、小野組の第一国立銀行に対する出資金と小野組に対する回収不能貸金の一部が相殺されたことを意味するだろう。減資は、財務状態の悪化を回避するためには不可欠であった。また、第三は、今後の融資方法を改めるもので、「従来三井組は銀行の大株主なるがゆえに特別の待遇を与え、貸金は無抵当にして、且預り金には利息を増し、(一般は年二歩四厘、三井組は年三歩六厘)又その振出手形も正金として之を受取り、五日乃至十日は取付を猶予したれども、爾来その貸出は都て抵当を要し、預り金の利息は、一般の規定に従い、振出手形は即日又は翌日には之を取付くる事と為すべし」と説明されている（第一銀行史、上、二〇〇頁）。

これに対する政府の指令は、シャンドによる銀行検査なども踏まえて六月末に第一国立銀行に示達された。その内容はおおむね建議によって提案されたものに沿っていた。八月に第一国立銀行は臨時株主総会を開いて、第一に資本金を一五〇万円に減額すること、第二に発行紙幣金貨兌換制の更正を政府に請願すること、第三に得意先当座貸借を画一厳正にし、三井組に対する特例を廃止すること、第四に貸付金の方法を厳正にすること、第五に為替事務を拡張すること、第六に役員を改選し「申合規則」を改正することを決議した（第一銀行史、上、二〇四〜二〇五頁）。なお、この結果、第一国立銀行における特権的な地位を失った三井組は、改革の翌一八七六年に国立銀行条例に基づかない私立銀行として三井銀行を設立した。

官金扱いの返納と国立銀行条例の改正

臨時株主総会の決議に従って新たに選出された七名の取締役のなかから、栄一は頭取に選任されることになり、これによって名実ともに第一国立銀行のトップとなった。

しかし、その前途は多難であった。小野組と島田組の破綻後、政府は諸県の為替事務を第一国立銀行にも委託することになり、その取扱は二八府県に及んだが、政府は一八七五（明治八）年一〇月に出納寮内に納金局を置いて官金取扱を移すことに改めた。この方針転換により大蔵省は、官金を速やかに完納することを命じたため、第一国立銀行は開始したばかりの重要業務を失った。この結果、石井寛治の研究によれば、「かつては七〇〇万円台にも及んだ同行官金預り高が七六年末には僅か四〇万円台へと激減した」（石井A、四三頁）。そこで、栄一は、「紙幣頭得能良介を通じて官金引上の猶予を強く迫ったが、大隈大蔵卿は引上を断行し」たため、銀行閉鎖も余儀なくされる危機的な状態となった。栄一の懸命な働きかけによって得能紙幣頭は、官金の完納を実行する一方で、一時的な特典として七五万円の資金を貸与することを認めた。また、この官金取扱に関しては、官金の全部ではなく大蔵省に関する部分に止まり、内務省・駅逓寮などの官金扱いは残されたことから（第一銀行史、上、二四二～二四三頁）、打撃は多少は緩和された。一時的に貸与された大蔵省からの預り金は、翌七六年六月に完済された（宮本、一〇四頁）。

しかし、小野組破綻以前の一八七四年上期末に九九八万円に達していた総預金高は、七六年下期末までに二〇六万円弱に減少した。この危機に対して、栄一は、七六年七月の株主総会において、①役員を減少すること、②月給旅費を節約すること、③利益処分方法を改めることなどを提案して同意を得た。

第一国立銀行の経営を脅かしていたのは、国立銀行制度の制度的な基盤にもあった。それは兌換券の発行に関わることであった。国立銀行は、資本金の四割にあたる金貨を引替準備とすることが求められていたが、金価格の騰貴によって金貨への引替を求めるものが増加し、国立銀行券の流通に支障が生じたからであった。そのため一八七五年に第一国立銀行は、第二、第四、第五の既存の三つの国立銀行と連名で、現行制度が金貨の海外流出に結果していることを指摘し、正貨兌換制度を改め、政府紙幣による「兌換」へと変更することを要望した。結局、こうした働きかけによって政府は、七六年八月に国立銀行条例を改正し、正貨の兌換を廃止して政府紙幣との引替に代えるとともに、発行紙幣額に対応して政府に納める抵当額を資本金の六割から八割に引き上げるとともに、その抵当として収めうる公債の範囲を拡張するなどの措置を講じた。

この結果、これより先に進められていた秩禄処分で交付された金禄公債などを基盤として、全国的に多数の国立銀行が新設されることになった。この新設国立銀行から第一国立銀行に対して、設立の方法や経営手法などについて指導を求めるものが少なくなかった。そこで、栄一は、「派遣された行員の見学、実務の伝習」などに協力するように努めた（第一銀行史、上、三三五頁）。

銀行経営のなかでの栄一の役割

国立銀行条例改正によって、不換紙幣が増発されることとなり、インフレが進行するなどの弊害を伴いながら、銀行制度が定着に向かい、第一国立銀行の経営もようやく軌道に乗ることになった。割引手形の制度化、荷為替金融、そして全国各地との為替約定網の拡充などが進められ、近代的な銀行制度の中核となる銀行としての姿が整えられた。また、三井物産と連繋して、上海・香港に代理店を置くこととなり、さらに一八七八（明治一一）年六月には朝鮮釜山に支店を設けた。この朝鮮への進出は、のちに栄一の肖像のある紙幣の発行につながることになる。

そうしたなかで、銀行の経営は、佐々木勇之助などの職員に実務的には委ねられることが多くなっていった。後に栄一が語ったところによると、栄一は「吾々講釈するけれども、さあ帳面を附けて見ろと言われると困る」のが実情であり、「簿記が本質的にどのようなものであるかは把握していたが、その生涯において実際に簿記を附けることはほとんどなかった」と説明されている（坂本、二三三頁）。それは銀行業務の実務を委ねることのできる信頼できる部下たちが育っていたからであった。若者たちの才能を見抜き、彼らを抜擢して仕事を任せたことが、第一国立銀行の発展の支柱を育て上げていった。

そうしたなかで、栄一の関心は銀行制度の改革や銀行と社会との関係、顧客との関係に向かった。具体的には日本の金融制度の伝統を踏まえながら欧米の金融制度とすりあわせていくために、たとえば手形割引を導入し、日本への定着を図ろうとした。そのために一八七七年五月に第一国立銀行が大隈大蔵卿に提出した「売掛代価割引手形」法の開始の伺書において、「東京、大阪在住の商人で売掛債権を期日前に現金化したいものは、売掛の明細を記し、さらに期日に名宛人が代金を銀行に対して連帯して支払う義務を負う手形を作成すれば、期限六ヶ月以内に限り、銀行が割引形式でその代金を前払いする」という仕組みを提案している。これは、在来の商慣習である売掛＝延売買と西欧流の手形割引を架橋しようとしたものと、金融史の専門家からは評価されている（宮本、一一六〜一一七頁、鶴見《つるみ》、六〜七頁）。

また、同業者を集めて択善会を組織し、さらに、一八八〇年には東京銀行集会所の設立に取り組むなどの銀行制度の発展のため同業者の組織化活動に栄一は力を尽くした（安彦、二八〜四二頁）。栄一

明治16年ころの栄一

は、同業者の組織化について、「同業者が、同一の仕事をなすばあいには、なるべく、相鬩《せめ》ぎ相奪うの弊害を防ぎ、而してともに興す利益、ともに蒙る弊害は、相互に協力して、あるいはこれを進め、あるいはこれを防ぐことに努めなければならない」（鹿島、上、四八四頁）と述べ、民間の自律的な力を合わせていくことの必要性を強調しており、のちの商業会議所なども含めて民意をまとめ、可能であれば民間の合意によって問題を克服することを目指していた。

このうち択善会は、一八七七年に栄一の呼びかけに応じて第二、第三国立銀行や三井銀行などが参加して同業者の親睦と営業上の問題を話し合うために設けられた組織であった。安田善次郎の発案で、この会合の議事録は印刷配布して同業者の参考に供することとなり、さらに、七八年にはその収録内容を拡充して内外の経済問題などを中心とすることとなった。内容を一新した雑誌は『銀行集会理財新報』と名付けられて九号まで刊行された後、七八年には経済評論によって頭角を現していた田口卯《たぐちう》吉《きち》に刊行を委託することを栄一が提案し、認められて『東京経済雑誌』に衣替えした。こうしてイギリスの『エコノミスト』誌を理想とする経済雑誌が日本でも刊行されることになった。

他方で、銀行集会所は、一八八〇年に択善会を廃止して東京所在の銀行を中心に結成されたもので、大阪では同様に常設の集会所であった「銀行苦楽部」が八一年に「大阪同盟銀行集会所」となるなど、地域ごとに銀行業者の組織化が進んだ。そのきっかけが栄一を中心とする東京の銀行業者の動きであった。

銀行経営との関係では、一八八二年に設立された日本銀行が発券銀行として中央銀行の役割を果たすこととなり、日本の銀行・金融制度は大きく変わることになった。これに伴って、国立銀行を普通銀行に転換するための制度変更に対処するために栄一は、奔走している（伝記資料、4、五〇五頁）。他方で、そのころになると、栄一は、毎日のように事務所に出勤して重役との打合せを行うなど行務の掌握に努めていたとはいえ、たとえば、『渋沢栄一伝記資料』に記載されている第一銀行の一八九九年四月、一九〇〇年四月の支店長会議には出席していなかった。ただし、一九〇〇年四月九日に開催された支店長会議には欠席したものの、『日記』によれば、三日後の一二日に「第一銀行に出勤す（中略）午後一時重役会を開く、おわりて各支店主任を会同して本季営業の方針に関する金融事情を協議す」との記録があるから、栄一が頭取としての業務を手放したわけではなかった（伝記資料、4、五六〇、五七五、五九〇頁）。頭取としての職責を果たしながらも、実務的には自らが育てた幹部職員に委任するところが大きくなっていたのであろう。その意味では、銀行家として預金・貸出の実務にわたって陣頭に立って指揮をとったというより、銀行経営の制度的な枠組みなど、栄一がその政治的社会的な影響力を行使できる課題に傾注することになっていったと見ることは許されよう。

第四章　創業の推進・支援

1　新事業の創設

栄一は銀行経営の実務から距離を置きながら、民間事業の育成に多くの時間を割くようになっていった。それは、大蔵省在職時代からすでに始められており、その後も長期にわたって栄一の事業家としての活動を特徴づけた。今日的な感覚であれば、民間企業のトップが、他企業の設立に自らの経営する企業の利害を離れて関与することは例外的であるかもしれないが、すぐれた人材が限られた明治のはじめのころ、実業に従事する人びとは、しばしば他の企業の設立や経営に積極的に関与していた。そして、その範囲、スケールにおいて栄一は際立った存在であった。以下、いくつかの事例を紹介しながら、栄一の活動ぶりを跡づけていくことにしたい。

フランスでの体験から新聞発行の有用性を実感していた栄一は、その基盤には大量印刷が可能な洋紙の製造が必要と考えていた。そこで、在官時代の一八七二（明治五）年五月に井上馨、上野景範《かげのり》らと連名で、洋紙製造業を起業する旨の建議を政府に提出した。洋紙の需要は新聞だけでなく、銀行紙幣や公債証書の用紙としても需要が見込めるものであったが、政府の結論は容易には出なかった（宮本、五六〜五八頁）。

抄紙会社の設立

そこで栄一は、三井組、小野組、島田組を説得して共同の事業として製紙事業を起こすことを計画した。当初は島田組が単独での起業をもくろむなど足並みの乱れもあったが、栄一の説得によって、一八七二年一一月に洋紙製造会社の創立願が、三野村利助（三井組）、古河市兵衛（小野組）名義で大蔵省紙幣寮に提出された。この願書は、七三年二月に認可され、「抄紙会社」を正式社名として初の洋紙製造会社が創立されることになった（のちの王子製紙、現・王子ホールディングス）。栄一は大蔵省に在任中であったため、代理として渋沢才三郎（栄一の妹ていの婿で「中の家」の承継者である渋沢市郎のこと）を株主として参加させ、抄紙機械の購入などに関する外商との契約では立会人として署名捺印している（宮本、六三〜六四頁）。

一八七三年五月に大蔵省を辞職したのち、栄一は第一国立銀行の経営に注力するかたわら抄紙会社の経営にも主体的に関与するようになった。そのやり方は、株主の合議を重視し、「会社全体にかかわる株主同意を求める事項（抄紙機械付属機械等、約定取決め代価外のものを注文する件等）・事務的連絡事項に関しては、栄一自身が指示を出して、三野村・古河が株主一同に事前に通達を出し、株主から同意を得た旨の報告が栄一になされ、それにより実行した結果を、栄一から株主一同に直接、文書を提示して周知させた」というものであった（宮本、八一〜八二頁）。七四年一月に開催された株主総会では、栄一が「頭取代」として抄紙会社の経営指導に当たることを正式決定したが、多忙を極める栄一の補佐役として七月には谷敬三が支配人として採用された。

栄一と谷支配人による開業準備では、第一に工場敷地の選定が難問であった。①製紙に必要な清冽な水があること、②平坦な土地であること、③原料や製品、機械類の輸送の利便性があること、④抄紙会社を近代産業のモデルとして工業思想を世の中に普及するために、情報発信力の高い東京市街地に近い場所であること、などを栄一は選定条件と考えていた。実地踏査を重ねた結果、東京の近郊の王子村（現・東京都北区）に、石神井川や千川水道などの水利が利用でき、原材料や機械類の輸送などにも利便性がある土地が見出された。七四年八月下旬には地元との用地買収や、水利関係の調整が着手され、その合意を受けて九月には工場建設が着工された（宮本、八六〜八九頁）。

抄紙会社の直面した経営課題

外国技術の導入による製造では、技術的な課題が山積していた。機械を動かしてみたものの、アメリカ人技師による指導の下に製造された製品は不良品であった。そこで、栄一が技師に対して、「機械は最新優品であるし、原料も水も薬品も総て君の注文通りの物を取揃えてある」として厳しく責任を追及する一幕もあった（青淵回顧録、上、五六二頁）。一八七五（明治八）年になってようやく製造が軌道に乗りはじめたとはいえ、その製品は「荷包みをするに足るくらいの粗悪品で、苦心して製造しては見たものの値段が安いから、とても算盤が取れる筈がない」

という有様であった。

販売面では、一八七五年一〇月に抄紙会社は政府と結んだ諸官省用紙、紙幣、公債証書類の原紙などの製造請負特約によって順調な経営発展が期待されていた。しかし、七六年に入ると政府は政府直轄工場において紙幣製造を行う方針に転換した。機密上の問題が理由であった。そのために、政府は抄紙会社用地の一部を分割させて買い上げ、工場を建設して四月には大蔵省紙幣寮抄紙局が開業した。これに伴って抄紙会社は社名を「製紙会社」に改めるように命じられた。販路を奪われた製紙会社の前途は厳しいものであった。初年度の決算は四万円の赤字であり（事典、五五頁）、累積することになる赤字を補塡するために、栄一は、株主に増資を求めなければならなかった。

こうした中で同年八月に政府から地租改正実施のために必要となった地券用紙を受注して、製紙会社は経営危機を脱することになった。開業当初は満足な紙も製造できなかった製紙会社は、薄い紙についてはまだ課題が残っていたが、やや厚手の地券用紙であれば受注可能であり、栄一はこれを「救いの神であった」と回顧している（宮本、一〇四、一〇六～一〇七頁）。これをきっかけにして製紙会社は七七年上期には累積の損失を解消することができるようになった。

経営が軌道に乗ると栄一は、外国人技術者の雇用が給与などの面で経営への負担が大きいことを考慮し、一八七七年二月に二人の外国人技術者を退社させ、日本人のみの操業に移行させた。また、操業時間も一八時間から二四時間とした。当時の製紙会社は職工三七四人を雇用する大規模な事業所となっていた。

栄一は製紙会社の技術的基盤を固めるために、現場において製造方法の指導もできる人材を必要と感じていた。そのため、栄一の妻・千代の姉・みちの次男で一八七五年三月から製紙会社に絵図引工として入社していた大川平三郎を海外に派遣することにした。この派遣に先立って、栄一は英語に堪能な三井物産の益田孝に頼んで面接を行い、その能力を確認してアメリカへの派遣を決定した。栄一は、この人選に際して、「自分は恥ずかしいことには部下として使って居た此の青年の能力を此の時まで知らなかった」と回想している（宮本、一二二頁）。

アメリカの製紙工場に入って研究することになった大川は、期待に応えて製紙原料に藁パルプを使用する方法などを学び、これを本社に報告して採用試験を促すとともに、帰国後には副支配人に抜擢されて、激しい競争のなかで、製紙会社の経営基盤を固めることに貢献した。なお、製紙会社は一八九三年に商法改正にあわせて社名を王子製紙と改称したが、九八年に三井が経営に参画することになったことから、栄一は会長を退任し、大川も王子製紙を去ることになった。その後、大川は、彼と行動をともにした技術者・職工とともに四日市製紙に移り、引き続き製紙業の発展に尽くし、一九一四（大正三）年には樺太工業を設立し、一九年には富士製紙の社長に就任して「日本の製紙王」と呼ばれた。

大蔵省在任中に関わった新事業では、このほか、一八七〇（明治三）年にフランス人技師との契約に基づいて富岡（群馬県）に設立されたフランス式の器械製糸工場があった。栄一は、伊藤博文に協力して設立を推進し、従兄の尾高惇忠を初代所長に送り込んだ。その当時、この工場は世界でも有数の大規模なものであり、重要輸出品である生糸の生産奨励に対する新政府の強い期待が込められた官営事業であった。富岡製糸場は、女工の募集などに苦労しながら操業方法を日本の民間製糸家に伝授する重要な役割を果たした。生糸は重要な輸出品であったから、この事業の成功は日本の工業化に重要な役割を果たすことになった。同じころ、小野組の古河市兵衛が東京築地にイタリア式の製糸工場を設立して操業を開始しているが、これは小野組の破綻によって長続きはしなかった。

倉庫業と海上保険業の創設

製紙会社の経営の前途に暁光が見えはじめた一八七六（明治九）年四月に栄一は、深川福住町《ふくすみちょう》の近江屋喜左衛門宅を購入し、七月に第一国立銀行内にあった住居を移した。新居を構えた地域は伝統的に商品流通の発達したところであり、商品倉庫や問屋などが集まっていた。深川は、隅田川や小名木川、江戸川などが利用できる河川交通の要所であり、そうした得がたい利便性を考慮しての転居であったと思われる。

栄一は、購入した近江屋の屋敷内の蔵を渋沢喜作が営む廻米問屋・渋沢商店や地元の商人に貸し出し、家業として蔵貸業を営み始めた（宮本、一三〇頁）。銀行経営にとっても近代的な倉庫業が不可欠と認識していた栄一は、これを起点に倉庫業への関心を強め、一八八二年には深川に本店、横浜に支店を置く「倉庫会社」を設立することとなり、出頭総代人として会社創立願書を提出した（伝記資料、14、二九五〜二九六頁）。この会社は安田善次郎や横浜の生糸商原善三郎などとの共同事業であったが、松方デフレによる物流の停滞の中で預かり証券を悪用した不正が発覚し、これをきっかけに東京米穀商に信用恐慌が生じるなどの事態のなかで設立四年で解散に追い込まれた（宮本、一三四〜一三六頁）。

『東京経済雑誌』が報じたところによると、倉庫会社とあわせて設立された均融会社によって、倉庫会社の預かり証券を抵当とする貸付を試み、一時はおおいに業績を拡張していたが、信用恐慌によって頓挫し、均融会社の閉鎖が余儀なくされることになり、これに連動してもともと利益が小さかった倉庫会社も閉鎖されたという（伝記資料、14、三三四頁）。現在の渋沢倉庫につながる倉庫会社が設立されるのは、それから一〇年あまり後の九七年のことであった。

この間、栄一は、商品流通の活発化のためには倉庫だけでなく、損害保険の制度を整備することが必要だと考えるようになっていた。鉄道網が整備される以前だったから、当時の輸送は、長距離になれば近海航路による海上輸送に頼っており、海難によるリスクは荷為替金融を取り組む銀行にとっても重大な問題であった。

そこで栄一は、機会を捉えて保険の必要性を説いていたが、なかなか理解が得られなかった。たとえば、栄一は大隈重信邸で福沢諭吉と海上保険の必要性について論じたことがあった。金融の疎通のためには保険が必要だとする栄一の主張に対して、大隈には理解が得られたものの、福沢は時期尚早と反対した。また、別の日に同じ大隈邸で岩崎弥太郎と同席した際には、岩崎は「今保険事業を奨めて見たところが、資本を出す人もなかろうし、又保険をつける人も充分にあるか否やを疑う」との意見であった（宮本、一三二頁、伝記資料、7、五七五頁）。

こうした慎重論にもかかわらず、栄一は、第一国立銀行の本支店間の荷為替物品に限って海上保険業務である「海上受合」の方法を創案して、大蔵省の許可を得て一八七七年五月に業務を開始した。

こうして銀行の業務の一部として始めた保険営業について、栄一は独立採算制をとって銀行経営への影響を回避することにしたが、たまたま翌年になると新会社設立のチャンスが巡ってきた。

このころ、新鉄道の建設や鉄道払下げを目論んで華族の出資で組織されていた「鉄道組合」（東京鉄道組合）では、後述するように払下げ計画が頓挫したことから、集めた資金の使途を探していた。栄一は、これに着目して鉄道組合に対して、益田克徳《かつのり》などと設立計画を進めていた海上保険会社設立への出資を働きかけた。福沢や岩崎が指摘した「資本の出し手はいない」という制約条件を、鉄道組合に出資する華族を捲き込むことで解決を図った。さすがの栄一も、保険事業の意義などについて説明するのには苦労したようで、保険の具体的な事業内容に十分な知識がなかったため、『雨夜譚会談《うやたんかいだん》話筆記《わひっき》』によると、会社設立の見積もりなどに関与せず、それらは益田克徳が担ったのではないかと回想している（伝記資料、別5、五四七頁）。こうして鉄道組合が集めた六〇〇万円という資金の一部が海上保険会社設立に出資されることとなり、七九年八月には東京海上保険会社（現・東京海上ホールディングス）が設立された。第一国立銀行の海上受合の業務は、この新会社に引き継がれた（宮本、一三三頁）。このような経緯があったためか、東京海上の創立時の株主の定着率は低く、創立から六年後の一八八五年には約半数の株主が脱落した（徳田、五三頁）。他方、大隈邸では慎重論であった岩崎弥太郎は、栄一とともに相談役に就任した。当時の海運業界では岩崎の郵便汽船三菱会社が覇権を握っていたから、岩崎の参加は自然の流れであった。こうして海上輸送に伴う海難リスクをカバーし、荷為替金融を円滑に行う条件が整えられた。

近代的な倉庫業の創設や海上保険会社の設立に栄一が熱心に取り組んだのは、すでにふれたように設立当初の第一国立銀行では、商人たちの金融業務への理解が乏しく、得意先の確保にも困難を来していたという事情があったことは言うまでもない。銀行を介した商業金融を広く、円滑に進めるために、商品を預かる倉庫業も輸送に関わるリスクを軽減する損害保険業も制度的には欠くことができないものであった。そうした制度が整っていないために、維新期の実業家たちは、この栄一の活動のように、自らその制約を克服できるように創意工夫を重ね、活路を拓く必要があった。

東京株式取引所・手形交換所などの設立

東京海上保険会社創立の前年一八七八（明治一一）年に株式取引所条例が制定され、近代的な企業制度である株式会社の制度的な基盤となる株式取引のための市場が創設されることになった。この条例制定を受けて栄一は、東京株式取引所の設立を出願し、免許を受けた。発起人は、栄一のほか、木村正幹、益田孝、福地源一郎、三井武之助、三井養之助、三野村利助、深川亮蔵、小室信夫、小松彰、渋沢喜作であり、資本金は二〇万円、株主は九五名であった（伝記資料、13、二六四頁）。同じ年、大阪では五代友厚などにより大阪株式取引所が設立されている。

発足直後の東京株式取引所は、仲買人七六人、取引所職員一四人の小所帯であったが、株式取引が円滑に行われるために必要なものと考えられていた。しかし、この制度の導入には異論もあった。栄一の在官時代に取引所制度の導入に際して、新政府のなかでは大蔵省の玉乃世履《たまのせいり》（岩国藩士、一八七五年初代大審院長）が先物取引の弊害を上げて、それは「投機であり、同時に賭博である」と主張して反対していた（伝記資料、13、二五八頁）。フランスでの経験から証券の取引が資産の運用方法としても有用であることを実感していた栄一は、こうした考え方に対抗して取引所の設立に積極的であった。

玉乃はその後フランス人御雇外国人で民法などの制定に尽力したボアソナードに論破されて意見を変えることになった。しかし、現代では「カジノ資本主義」というような言葉が生まれるほどであるから、彼の心配もまったく見当外れではなかった。ただし、そうした危惧が現実になるのはかなり後のことであり、先物取引を含めた取引制度によって安定した相場形成が可能になることは、江戸時代の大坂堂島米会所などに先例もあり、株式制度の発展には不可欠で、これを推進すべしという栄一の方に理があった。もっとも、栄一は、投機的取引には反対であったから、取引所の「設立後には全然関係を絶ち株主たる事さえも之を避けた」という（青淵回顧録、上、四七七頁）。

株式会社制度の特徴の一つは、出資した資金が株式という証券の形態をもち、この証券は売買可能であることにある。もちろん、発足したばかりの株式会社制度では、発行される株式の数も、銘柄も限られていたから直ちに市場での株式取引が活発に行われる条件はなかった。制約の一つは、売買にあたっての株式の評価が確定できなかったからである。発展した企業制度では、株式取引所を中心に形成される各銘柄の株式相場が、その売買の基準を提供することになる。株式取引所は、そうした方向へと進む最初の一歩であった。株式会社制度が近代的な産業発展の重要なツールとなる感じていた栄一には、逃すことのできない一歩であった。

ただし、株式市場の現実の歩みは遅々としていた。設立された一八七八年七月に取引所は最初の上場株式として東京株式取引所株の売買を開始し、九月には第一国立銀行の株式が上場されたが、同年末までに上場されたのはわずか四社の株式に止まった。上場された第一国立銀行株が取引所の初年度九～一二月に売買されたのはわずかに一八株であり、七八年から八一年にかけて取引対象となったのは政府公債が主であった。すなわち、公債売買高は七八年に二六五七万円、七九年八九八二万円、八〇年一億九五五六万円、八一年二億一七九一万円であったのに対して、株式売買高は、順に二五三株、一万一七八九株、七九六〇株、九四二二株であり、総てが一〇〇円株だとしても公債取引高に遠く及ばなかった（伝記資料、13、三五六頁）。

取引所の株式取引が活発化するのは、明治半ばころに鉄道株や紡績株などが上場されるようになってからであり、株式流通市場が日本国内で本格的に成立するのは第一次世界大戦期以降のこととされている。従って、株式の発行を円滑にするために株式取引所を設立するという栄一の意図が実現を見るまでには四〇年近い長い年月が必要であった。株式の売買が自由にできることは、株式投資のリスクを軽減・限定するうえで重要な要件であり、それなくしては株式投資に投資家を誘導することは難しく、取引所の機能が十全に果たされるようにならないと、株式の発行（公募など）にも制約が大きくなる。株式会社制度が広がるためには株式の流通市場の発展が不可欠であり、それよって株式発行も容易になる筈であったが、現実はなかなか厳しい道のりであった。そのために、長い間、会社設立のための株式募集に際して、発起人として栄一のような旗振り役が重要な役割を果たし続けることになった。

別の角度から見ると、企業設立に「合本」の理念に基づいた株式会社形態を推奨したと考えられている栄一ではあるが、栄一が実業界で活躍した時代には、譲渡可能な株式という証券によって資金を集める株式会社の本来の機能を十全に発揮しうる制度的な基盤がなかった。

一方、銀行取引に不可欠な手形や小切手の交換を行う手形交換所の創設にも栄一は尽力した。手形交換所は一八七九年にまず大阪で創設されたが、その翌年東京では為替取組所が設立され、八三年に東京銀行集会所の機関として手形取引所が設置され、八七年にその下部組織として手形交換所が創設された（事典、六二頁）。東京銀行集会所による手形取引所創設には栄一が委員長として推進役を果たした。このほか栄一は、九六年に東京銀行集会所のなかに東京興信所を設け、取引先の信用調査の機関とした。

こうした取り組みは、倉庫や保険がモノの流通を円滑にする方向からの取り組みであったことと対比すると、カネの取引に関わる制度的な条件を拡充・整備することによって近代的な経済制度を定着させていくために必要なものであった。つまり、市場経済的な仕組みによって発展することになる近代経済社会の基盤を、栄一は、モノとカネの両面で整えるうえで重要な役割を果たした。

古河市兵衛の銅山開発への支援

小野組糸店の番頭であった古河市兵衛は、第一国立銀行設立でも抄紙会社の設立でも栄一の重要な事業上のパートナーであった。しかし、小野組の破綻によって古河市兵衛は、小野組という後ろ盾を失ったばかりか、破綻整理に際して第一国立銀行の債権回収のために私財も提供して、銀行経営にのしかかった負担を軽減するために協力した。この潔い態度に感銘を受けた栄一は、市兵衛の事業家としての再起に際して支援することを約束していた。

そうした背景があって、一八七五（明治八）年に古河市兵衛が新潟県草倉銅山の経営に乗り出し、続いて、幸生銅山、足尾銅山と開発に着手すると、栄一はこれを支援することになった。具体的には古河市兵衛が相馬家志賀直道と七七年一〇月に組織した銅山組合が足尾銅山の経営にあたることになったのを受けて、八〇年三月にこの組合に栄一も参加した。足尾銅山は、開発当初は永年の乱掘によって荒廃し、古河では草倉銅山の利益などを投入して開発を進めたものの容易に見込みが立たなかった。そこで、資金の不足を補うために市兵衛は栄一に協力を求めた。

一八八〇年一月に交わされた銅山組合の新しい協約によって、鉱山に関する権利は、古河、志賀、渋沢が三者対等とされた。ただし、古河は利益の一割を経営手数料として取得することが認められていたから、経営の実際は古河市兵衛に委ねられ、志賀と渋沢は出資者として利益の分配にあずかる関係にあった。また、協約では第一国立銀行から二万円を限度とする借入ができることとなっていたが、これが栄一の出資分と見なされるものであった（伝記資料、15、三六六～三七一頁）。

足尾銅山の経営が好転するのは一八八三年に新鉱床が発見されて以降のことで、大出水があって開発に困難をきわめたが、八五年末までにこれを克服するとともに、大通洞の開鑿《かいさく》や製錬所の拡張によって、足尾は一挙に国内有数の銅山となった。

これは、もっぱら市兵衛とその配下の人びとの苦心のたまものであったが、こうして開発が進むなかで、栄一は銅山組合の出資者として資金面での支援を続けていた。他方で、組合への参加は、栄一にとって十分な収益を得る機会ともなった。参加の翌八一年には上期だけで三〇六一円（下期不詳）、八二年五五〇〇円、八三年七二〇〇円、八四年一万九二〇〇円、八五年四万五〇〇〇円、八六年七万六五〇〇円、八七年上期二万一〇〇円（下期不詳）と、判明する範囲で合計一八万円ほどの利益割賦金が古河から支払われている（伝記資料、15、三七一頁、ただし、八五年下期、八六年上期については、古河鉱業株式会社『創業一〇〇年史』一九七六年、九二頁による）。

この数字自体が足尾の開発成功を示しているが、開発が順調に進展するなかで、古河市兵衛は足尾銅山を自らの単独経営に移すことを企図することになった。これに応じて、まず、相馬家の事情もあって脱退の意向があった志賀直道が一八八六年一一月にその持ち分を一二万円で市兵衛に譲渡した。さらに二年後の八八年六月に栄一は、自らの持ち分を四〇万円で市兵衛に譲渡し、組合から脱退することとなり、足尾の経営は古河市兵衛個人のものとなった。四〇万円の支払は、当初は年二回、一六回の分割払い（利子六朱）であったが、市兵衛は、九一年六月までに計一七万五〇〇〇円を支払い、さらに同年七月に残額二二万五〇〇〇円を支払って完済となった。

対等の出資であったから、志賀と渋沢の持ち分の評価額が一二万円と四〇万円という大きな開きを生じたのは、その間に足尾の事業が成長を続けていたことに加えて、栄一の資金面からの支援という恩義に報いたいという古河市兵衛の考えがあったのではないかと想像される。

それにしても、この銅山組合への出資は、当初の組合設立時に必要とした山代金四万円余、渋沢参加時の第一国立銀行借入金限度額二万円などを基礎に考えると、短期間に大きな収益を栄一にももたらしたと考えてよいだろう。

組合持分の代金が完済された一八九一年については、渋沢栄一研究の第一人者である島田昌和が渋沢家の「予算決算表」などを分析して計数を示している。これによると九一年の渋沢家の収入金額は前期繰越金三万七三四五円余を含めて一八万三三六円余であった（島田A、二〇二～二〇四頁）。この計数から、この年の渋沢家の経常収支には、足尾銅山持ち分の回収金のうち、同年中に一括完済のために支払われた二二万五〇〇〇円が含まれていないことが知られる。そして、この返済金額は、通常の年の収入額を大きく上回るものであったことも明らかであろう。この思いもかけない収入は栄一にとっても記憶に残るものであったようで、金額は不正確だが「古河市兵衛翁から銅山経営の出資を頼まれて三万円ほど出したのが、一二年後の明治二一（一八八八）年に二〇万円になって戻ってきた」と、後年回想している（坂本、一三二頁、原典は野衣秀市編『国宝渋沢栄一翁』実業之世界社、一九二八年）。

それでは、古河からの支払はどのように処理されたのであろうか。島田が明らかにした一八九一年の資産増減表にその手掛かりがある。これによると、資産減少項目として「古河氏約定分一時入れ」として二二万五〇〇〇円が計上されており（島田A、二〇六頁）、受取は確認できる。この年の渋沢家の資産は、総額で二二万七九四八円の減少となっているから、この資産減少に見合う負債の整理が行われたと考えるのが妥当であろう。これについて、島田は「渋沢同族会会議録」に「古河市兵衛氏に対する貸金二十二万五千円を第一国立銀行に対する負債償却に振替」との記述があることから、「古河の渋沢に対する個人的な借金が何らかの形で第一国立銀行へ振り替えられたことを意味する」との解釈を下している（島田A、二一〇頁）。しかし、この評価は、以上のような経緯から見れば、渋沢家が古河から弁済資金を受け取り、それを渋沢家の第一国立銀行から借入金の返済に充てたという捉え方に改める方が適切なようである。

細かな穿鑿は、これくらいにして古河市兵衛が示した小野組破綻時の態度に感銘を受けた栄一が銅山組合に出資した時、これほどの大きなリターンを生むとは予想していなかったであろう。渋沢家の経常収入は日露戦争を契機に四〇万円から六〇万円台に増加するとはいえ、一九〇四年まで三〇万円を上回ることがなかった（島田A、二一八頁参照）。それ故、古河からの持ち分回収によって生じた多額の収入が渋沢家、栄一の事業活動にとって資金的な基盤を強化したと見てよい。ちょうど、一八八〇年代後半から九〇年代初めの企業勃興期に栄一の関与する企業設立なども多数に及ぶようになっていたから、累増していたと思われる第一国立銀行からの借り入れを大幅に減額しうる返済資金を得たことは、栄一にとっては想定外の成功であり、忘れがたい経験であった。

鉄道業への関与

栄一は、徳川昭武に随行して見聞したヨーロッパの経済活動のなかで、鉄道の重要性について強く感じることがあったと語っている。人やモノが速く広い範囲で動けるようになることが旺盛な経済活動を実現する基盤にあると感じたのであろう。それ故、鉄道建設は近代日本が実現すべき目標の一つであった。そのために帰国後の栄一は、一八七五（明治八）年に蜂須賀茂韶《はちすかもちあき》が主唱して結成された東京鉄道組合の相談役に就任するなど、早くからこの事業への関与を続けることになった。

この鉄道組合では、東京青森間などの鉄道建設を計画し、その規則・方法の立案を栄一と前島密に依頼した。組合の会議は、一八七五年三月の第一回以降七八年三月に四〇回あまり開催され、組合の規定や鉄道建設計画などの協議が栄一の起案に基づいて重ねられた（伝記資料、8、三五七〜三六六頁）。

その間に、組合では新設ではなく、京浜間の官営鉄道の払い下げを受けるとの議論が生じ、この方針に沿って工部省などと払い下げ条件の交渉が重ねられた。この払い下げ案は、栄一が「苦心して何百万円も資本を集めるより、横浜の鉄道を払下げてもらった方がよかろう」と後年『雨夜譚会談話筆記』において回想しているもので、栄一も推進役となったと考えられる（伝記資料、別5、五四五頁）。その結果、七五年一〇月には提出した東京横浜間鉄道及付属館屋器械等一切の払い下げ願いについて、代価三〇〇万円、六カ年年賦の条件での払い下げが認められ、それから一年近い交渉によって、七六年八月に「鉄道払下条約」が締結された（伝記資料、8、四二六、四六〇頁）。

こうして着々と準備された組合の鉄道払い受け計画は、ちょうど秩禄処分による金禄公債の発行などのために華族層の資産状態に変化が生じ、十分な出資が期待できなくなったことから変更を余儀なくされた。これらの華族の資産については、岩倉具視などを中心に「華族銀行」（第十五国立銀行）の設立計画が進められており、鉄道と銀行との双方の計画を実行することに出資を予定していた華族たちから異論が生じるようになった。その結果、この組合は鉄道を払い受ける計画を断念することになった。

栄一の回想によると、払下げ代金の年賦金支払いと当初の計画である東京青森間の鉄道建設へともに出資することは「家政上甚だ困る」ということであった。これに関して岩倉は、それであれば京浜間の鉄道を諦めるようにとの方針を示した。栄一は、京浜間の鉄道については華族資本ではなく、民間の資金を集めて引き受けると主張したが、「元来華族方へ契約した事だから民間へは許可しない」との政府からの回答で断念せざるを得なかった。この契約解除に伴って、「鉄道払下条約」に基づいて納付されていた八〇万円が返金されたが、この一部がすでにふれた海上保険会社への出資元本となった（伝記資料、8、五三五頁）。

その後、この計画の関係では、「華族と士族が家財をもって会社を建て、東京と青森あるいは東京と越後新潟に蒸気機関車を走らせる」との組合の当初の企図に基づいて、一八八一年一一月に日本鉄道株式会社が設立された。栄一は、この会社の創立三年目から役員に選出されて経営に参画することになった。ただし、栄一の関与はそれほど積極的なものではなく、九八年に公金私消や従業員の怠業の責任をとって小野義真社長以下の重役（理事員）が辞任した際に、栄一は、辞任した役員の補欠選挙のために議長として選挙にあたり、難航した後任の選出のために対立する利害の調整にあたった。栄一の調整能力に期待するところが大きく、それなくしてはこの社内の混乱は収めることができなかったからであった。

島田昌和によれば、同じように社内の混乱を収めるために、栄一は、一八九〇年代には北海道炭礦鉄道の大株主・常議員として紛争解決に尽力したことが知られる。また、九州鉄道において一八九九年に千石貢社長の排斥運動が起きたときも、栄一は、益田孝、豊川良平、雨宮敬二郎と仲裁にあたった。これらは産業化の初期的な段階を終えて、資本主義的な経済制度が定着するようになった時期のことであり、このころになると財界の世話役、調整者として駆り出される栄一の役割が大きくなっていた。

この間、一八八六年から九九年にかけて日本国内で設立された私有鉄道の数は四三を数えることになったが、栄一は、これらのうち一九に関与した（見城、五四頁）。このうち、日本鉄道のケースでは、華族の共同出資を渋沢の意見によって株式会社という形態で整えたとはいえ、栄一が積極的に出資を募ったわけではなかった。八六年に設立された両毛鉄道については、栄一は田口卯吉《うきち》などの発起人を励ますとともに、浅野総一郎を発起人に加えて、栄一に代わるとりまとめ役を委ねた（伝記資料、8、六二四頁）。他方で、八九年の参宮橋鉄道の設立では栄一は発起人としてこれに協力した。

このほか、一八九一年には八九年に設立された筑豊興業鉄道に株主・相談役となり、九四年設立された北越鉄道では創立発起人、九五年の京浜鉄道の設立では創立委員長、同年の岩越鉄道では相談役として株主募集の斡旋を行ったほか、掛川鉄道では創立発起人の一員となった。同じく、翌九六年には函樽鉄道の創立発起人となった（伝記資料、9、鉄道の項による）。このほか株主として参加した鉄道企業も少なくなく、一九〇六年には京浜電気鉄道の創立に際して創立委員長を務めるなど、一八九〇年代から一九〇〇年代にかけて栄一は、民間鉄道会社の設立に関わり続け、株式の募集などの設立に必要な条件の整備に協力した。このように鉄道に強い関心を示していた栄一ではあったが、すでにふれた日本鉄道や北海道炭礦汽船の内紛などに対処して調停役を務めたことを例外として、鉄道経営が軌道に乗ってからの栄一の関与は限定的であり、出資を集める局面での役割が大きかった。

明治前半期から産業革命期にかけての日本で、株式会社制度を利用した会社設立において、鉄道業と並んで代表格となったのが紡績業であった。

大阪紡績の設立

近代的な紡績業は、幕末開港以来の貿易において綿布・綿糸が重要な輸入品となって日本の対外収支を圧迫していたことから、輸入の防遏《ぼうあつ》という観点から関心が高く、明治維新政府も一八八〇（明治一三）年ころには各地に模範工場を建てて企業設立を奨励していた。この工場は輸入された紡績機械によって水力を動力として二〇〇〇錘の規模で操業された。原料は、工場が棉作地を選んで設置されたことから、国内棉花を採用するものであった。

しかし、この政府の企ては、原料の選択の面でも、動力の選択の面でも輸入技術と不適合を起こし、操業は順調にはいかなかった。栄一は、これらの模範工場に関わることはなかったが、「棉糸・棉布の如きは日常の必需品にして、また輸入品の大部を占むるをもって、まずこれら物品の製造を起こすを急務」であると、綿糸紡績業育成の意義を語っている（伝記資料、10、五頁）。

栄一は、そこで大倉喜八郎と相談して薩摩藩が創設した紡績工場を引き継ぐ相談などもしていたが、西南戦争などもあって断念した。その後、政府の二〇〇〇錘模範工場の実績に物足りなさを感じていた栄一は、「英国では一つの工場で五万十万の錘数を持って居って、一万錘以下の紡績はないそうである。試験工場ならば兎に角、営利を目的とする会社としては到底駄目である」との助言を受けて、大工場を設立することが必要と考えるようになった（伝記資料、10、七頁）。そこで、国内綿製品流通の中心地である大阪財界の藤田伝三郎や松本重太郎などを誘って、栄一は大規模な紡績会社の設立を計画することになった。

これには、多額の資本を集める必要があったが、栄一には一つの目算があった。それは、すでにふれた鉄道組合の計画が頓挫して政府から返金された資金であった。海上保険会社設立に充当されたこの資金は、まだ「なお数拾万円の余った分があったので、此の金を以て、紡績事業に注入することを勧説」した（伝記資料、8、七頁）。その結果、設立時の出資者には前田利嗣《としつぐ》一・八万株、蜂須賀茂韶一・六万株、毛利元徳《もとのり》一・五万株など、一七名の華族が一〇万円余の出資で参加することになった。それだけでは不足だと考えていた栄一は、実業家も出資者に加えるため、綿業関係の商人などを発起人に加えて会社設立の準備を整えた。栄一の回想によると、これらの商人のなかに日本橋の薩摩治兵衛《さつまじへえ》の名前があがっているが、大阪紡績の社史によると創立発起人にその名前はなかった。このころ、綿業の関係者とは接点が乏しかった栄一と商人たちをむすびつける仲介役を果たしたのは、のちに田園都市計画などにも参画することになる洋糸商柿沼谷雄であったという（伝記資料、10、一三頁）。

一八八〇年一〇月に、資本金二五万円で大阪紡績会社を設立するとの方針が決まり、創立の準備が順次進められることになったが、特に重要であったのは、技術的な基盤であった。工場操業のために「西洋人の技術家」を雇うことは断念し、日本人の技術者を育成する方針をとったことが大阪紡績の起業計画の特徴であった。それは「他の工場で何も知らぬ西洋人を使って、随分滑稽なこともあった」というのが理由だった。抄紙会社（製紙会社）における創業期の苦い経験が思い出されているようであった。しかし、だからといって日本人に適任者がいたわけではなかった。そこで、栄一は、イギリス留学中の山辺丈夫《やまのべたけお》を第一銀行の津田束から紹介されて、この事業計画に参加するように勧誘し、山辺の求めに応じて一五〇〇円を送って、イギリスでの技術伝習にあたらせた。さらに、栄一は「一人だけでは到底完全なる事業は出来まいと思われたので、私の計らいで四人の人々を各紡績工場に見習に派遣した」（伝記資料、10、一七〜二四頁）。

工場の建設では、当初は水力利用を想定して適地を探索したもののよい成果が得られなかった。そこで、一八八一年一〇月に汽力に変更するとともに、松本重太郎の斡旋で工場敷地が大阪西成郡三軒家村（現・大阪市大正区）に選定された（伝記資料、10、四五頁）。この探索は、帰朝した山辺が中心になって行われているが、栄一は、自らも技師を同行させて犬山や宇治平などを調査したほか（伝記資料、10、三五頁）、しばしば山辺と面談して進捗状況等を聴取していた。

こうして一八八二年四月に大阪紡績会社の創立願書が矢島作郎、松本重太郎、小室信夫、藤田伝三郎、渋沢栄一の連名で提出され、新会社が発足することになった。創立第一回の考課状によると、栄一は三三六株、三万三六〇〇円を出資する筆頭株主であった。大阪紡績会社は工場建屋の建設、輸入機械の据え付けなどの工事に着手し、八四年六月には開業式を挙行する運びとなった（伝記資料、10、七二頁）。

栄一は、操業が開始されてからも大阪紡績に強い関心を払っていた。一八八五年の山辺丈夫の日記では、栄一と山辺が頻繁に電報や書簡で意見を交換していたことが知られる。同年一月だけでも渋沢から五回、山辺からも五回の電報・書簡の交換が記録されている。それだけでなく、八七年には原料面での改善のために栄一は、清国に社員川邨《かわむら》利兵衛を派遣して綿産地の調査を行い、八九年には外務省書記官がインド綿業の視察のためにボンベイ（現・ムンバイ）に出張する機会をとらえて川邨を同行させるなど、原料綿花の輸入を図ることにも尽力した（伝記資料、10、八五〜八七頁）。こうして動力面、原料面などで政府の二〇〇〇錘模範工場とは異なる条件を確保することによって、大阪紡績は着実に製造を伸ばし、注目を浴びる存在となった。その成功は、大阪紡績に追随して紡績会社を設立する動きを誘発し、そうして起きた企業勃興によって日本の産業化を大きく前進させる原動力となった。

その後、大阪紡績では一八九二年に工場火災によって大きな被害を受けたが、その復旧工事の計画についても、同社は栄一の意見を聞くために来阪を待って復旧方針の検討・実施にあたっている。栄一に期待するところがそれほどに大きく、その期待に栄一も十分に応えて同社の経営発展に関わり続けた。

このほか、紡績業関係では一八八六年に伊藤伝七が経営する三重紡績の不振を打開する相談を受けた栄一は、規模を拡大して新会社を設立することを勧めた。栄一は、資本金の半額にあたる株式の募集を引き受けるとともに、四日市に赴き、東京で応募した株主を代表して創立総会に出席し、旧会社からの資産の継承などの手続きや新会社の定款等を協議決定する際に重要な役割を果たした。なお、この三重紡績は一九一四（大正三）年に大阪紡績と合併して東洋紡績（現・東洋紡）となった。

大阪紡績の経営が多くの人びとの期待を乗せてスタートをきった直後の一八八六（明治一九）年に第一国立銀行の用務で神戸に出張した栄一は、ちょうど神戸に出張中であった農商務省技師・高峰譲吉と偶然に一夕をともにした（宮本、一四九頁）。この時に栄一は、高峰から過燐酸肥料の製造計画について説明を受けた。高峰は、イギリスに留学して過燐酸肥料の製造方法を学び、八四年にアメリカ・ニューオリンズの万博に出品されていた巨大な燐鉱石を見て、日本で使用すれば有益と考えて私費で購入し、各地の有志に試用を依頼したところ好成績であったことから、肥料製造業の起業を考えていた。そのため高峰は、栄一に対して化学肥料の製造が必要であることを熱心に語った。

農業経営の経験のある栄一は、肥料の有用性を理解していたし、静岡の商法会所などでも肥料を取り扱い、商品としての価値も十分に分かっていたとはいえ、高峰のいう化学肥料についてはにわかには信じられなかった。しかし、農業振興には肥料の利用拡大が不可欠であると感じていた栄一は、東京に戻ると益田孝・大倉喜八郎・浅野総一郎等と協議し、高峰も交えて検討した結果、高峰の提案に沿って会社を創立することを決意した（伝記資料、12、一五〇頁）。

肥料会社の設立

こうして、一八八七年二月に第一国立銀行において、東京人造肥料会社創立のために開かれた株主会議において、資本金を二五万円として、創立委員に栄一のほか、渋沢喜作と馬越《まごし》恭平を選出し、技師として高峰譲吉を任命することが決められた。株式の募集は、六回に分けて行われ、八七年三月から八八年一二月までに合計一三万七五〇〇円が集められた。工場は東京府下南葛飾郡大島村（現・東京都江東区）に建設され、八七年三月から益田・高峰の二名が肥料製造諸機械の購入・据付及一般設備等、調査視察のため洋行して機械購入がすすめられた。注文した機械は八八年二月には到着して据え付けられ、その間、八八年三月には「外国半製の原料」による肥料製造を開始した。これは外国品の調合肥料であったが、一一月には新工場の製造による製品が出荷できるようになった。

しかし、せっかくの製品については、国内最初の製品であっただけに、農家などが肥料の効能、使用方法などを理解していなかったために、栄一などが陣頭に立って「指導勧誘」したものの効果なく、販売は不振で経営は赤字となった。栄一は、郷里の血洗島に送って試用を勧めたが、これも効能が無いと評判は芳しくなかった。高峰も山間僻地を厭わずに遊説して普及に努めた。しかし、試用のために送った越後からは、従来の「鰊肥料は耕地に刺し込んで置けるから雨が降っても流出する心配がないが、今度の人造肥料は強い雨が降ると流れてしまうから、同じ金肥でも少しも効能が無い」と酷評される始末であった（青淵回顧録、上、五一一頁）。会社では農学校卒業生を数名雇い入れて、各地に派遣し、新肥料の効能及び施用方法を講話説明して普及に努めた。しかし、「一般農家は旧慣に捉われ容易に之を信ぜず、殊に在来の肥料商迄も、自家従来の営業の妨げとなるなどの杞憂の下に、中傷を試みるものもあり、事業の進捗は素より肥料諸原料の買入にまでも支障を来した」と伝えられている（伝記資料、12、一六二頁）。

経営の前途に曉光も見えないまま迎えた一八九〇年、高峰譲吉は、自己の発明としてアメリカで特許権を取得していた高峰式醸造法の実施を求められて、渡米することとなった。始めたばかりの事業の前途に心残りもあったが、高峰のアメリカ人妻の母が病にたおれたため、夫婦で看病したいという動機もあり、高峰はせっかくの機会を捉え、アメリカに活躍の場を求めたいと栄一に相談した。これに対して、栄一は、「後事は予一切の責を負って処理するので、貴君は渡米して、親しく母の病を看護し、且前記の発明の応用に成功すべし」と快諾した（伝記資料、12、一六一〜一六二頁）。もっとも『大日本人造肥料株式会社五十年史』に記述されているこのやりとりは、栄一の記憶とは少し異なり、三〇年以上後の一九二二年のことであるが、栄一は「私はその時に大に博士に不平を言いました。此新しい事業を企てて、左様に大きな資本ではないけれども、併し日本に一つの新事業を起したのは、君の勧めに依って私が会社を造って此処に至ったのである、此成功を見る前に去ると云うことは甚だ信誼を欠いた訳ではないか」と慰留したが、益田孝などの説得もあって渡米に同意したと回想している（伝記資料、12、一六八頁）。突然のことで驚愕し、当初は不満を漏らしたものの、納得して「後は任せろ」となったのであろう。

こうした経緯で渡米することになった高峰は、醸造法の改良だけでなくジアスターゼやアドレナリンの抽出に成功するなど、それから長期にわたってアメリカ産業界で活躍を続けることになり、人造肥料会社に戻ることはなかった。ただし、その成功によってニューヨークの実業界で確固たる地位を築いた高峰は、日米関係が二〇世紀に入って対立の様相を強めるなかで、日米間の人的交流のために尽力し、後述するような栄一の渡米、日米実業界の親善のための活動に対する重要な協力者となった（木村、九八頁）。

一方、技術的な支柱である高峰を失うことになった人造肥料会社では、栄一が高峰の離脱は「妻の母の看護のため」と説明して、株主の動揺を抑えながら、引き続き販路開拓に努めた。その努力もあって、一八八七年（一二～一二月累計）に四・八万貫であった販売高は、九〇年下期には一〇万貫、九一年上期に二六万貫を記録するようになり九〇年上期からはわずかながら利益を計上できるようになった。配当が実現するのは九二年上期の四％配当が最初であった。

しかし、ちょうどその一八九二年五月に工場の火災が発生し、経営の前途に再び暗雲が漂うことになった。そのため、株主のなかには会社の解散を主張するものが出るほどであった。これに対して栄一は断固反対し、次のように株主を説得した。

元来我々がこの事業を始めたのは、決して利益のみを目的としたのではない。その主眼は国家の為めになる事業であり、農村振興ト必要なものであると考え、而も将来必ず有望な事業となると信じて計画した仕事であるから、如何なる災厄に遭ってもこの事業を成就させねばならぬと予てから決心していたのである。他日社業成功の暁には、今回の火災による損失の如きは相償うことが容易なることは信じて疑わない。然し尚諸君が飽くまで解散を望まれるならば、最早詮方のないことである。私一人でも諸君の株式全部を引受け、借金をしても此の社業を継続経営して、必ず事業を成し遂げる決心である。

一人になっても経営を続けるという栄一の熱意に解散を唱えた株主なども意見を改め、工場の再興を栄一に委ねることになった。そこで、栄一は、株主総会に諮って資本金を一部切り捨てて減資するとともに、借入金を起こして工場を再建することを決定した。再建された東京人造肥料会社は、日清戦争のころから人造肥料の需要が激増して（青淵回顧録、上、五一九頁）、一八九〇年代半ば以降には着実に販売を伸ばした。その後同社は、一九一〇年に大日本人造肥料と改称し、さらに多数の同業者を吸収合併し、三七（昭和一二）年に日産化学工業（現・日産化学）となり、日本の人造肥料製造業をリードする企業へと成長することになった。

紡績業への関与が輸入防遏などの国民経済的な視点で際立っていたのに対して、人造肥料製造に栄一が尋常でないほど力を入れたのは、農業生産の振興によって農家経済の改善などに貢献することが大きいことを肌で知っていたためではないかと思われる。それは、彼の農民として出自を思いおこさせるものであった。

日本煉瓦製造の設立

一八八六（明治一九）年に明治維新政府は臨時建築局を設けて官公庁の洋風建築への導入を企図したが、建築材料として不可欠の煉瓦石に品質上の問題が見出され、煉瓦製造工場建設が計画されることになった。臨時建築局の総裁となった井上馨は、この計画を民業として実行すること、製品は十分な利益の出る価格で買い上げることなどを条件に計画実現を図った。これに応じて八七年に日本煉瓦製造会社が設立され、工場建設の用地選定が開始された。栄一は同社設立当初から益田孝などとともに理事として参画し、自ら主導して工場用地を埼玉県の上敷免《じょうしきめん》（現深谷市）に選んだ。この土地は栄一の郷里の血洗島からも近く、工場建設が地元の経済発展に資すると判断していたと説明している（宮本、一四六頁）。そうした経緯もあって栄一は、工場建設に関わる地元との用地買収交渉、原料粘土採取などに関わる利害調整に奔走し、準備を整えた。

しかし、この工場の稼働の前提となる政府の洋館建築計画は、井上馨が条約改正交渉に失敗して臨時建築局の総裁を辞任したことから白紙となり、新会社設立の前提が崩れた。この時、諸井恒平の回想によると、栄一は「国家経済の為めに此の新事業を経営せんとするものであるから、政府保護の有無に因て当初の志望を二三にするが如きことがあっていいものだろうか。建築局の関係がどのようになるかを深刻に考える必要はない」と主張した（伝記資料、11、五二二頁）。栄一は、たとえ政府の計画が頓挫したとしても洋風建築は年ごとに盛んになるはずだから、数年間損失を忍ぶことができれば、営利事業としての将来は十分に期待できると株主を説得した。この結果、工場建設が継続され、八九年に竣工した。

製品はいくつかの官庁の建築などに需要を見出したが、新工場の乾燥室には欠陥があって天日乾燥を必要としたために能率が大きく損なわれ、経営は困難を極めた。操業開始翌年の一八九〇年には深刻な景気後退が生じたうえに、近隣の河川の氾濫によって工場が浸水して復旧費用なども必要となる悲運に直面した。さすがの栄一もこれには「嗚呼天道果たして是乎非乎と嘆いた」と伝えられる（鹿島、上、三三二頁以下）。

経営再建のために株主を説得して増資した資金は、この水害復旧費に費消され、運転資金に窮した栄一は、社債二万円を発行することとして、株主の蜂須賀侯爵家に窮状を訴えて一万円を引き受けてもらい、残余の一万円は第一国立銀行で引き受けるという方策を講じた。この間、需要面では碓氷峠の鉄道工事に必要な煉瓦を供給することとなり、生産は順調に増加することになった。

しかし、碓氷峠の工事は一時的な需要に過ぎなかったから、最大の需要地となる東京で市場を確保するために、さらに追加投資が必要であった。というのは、工場が立地する上敷免は原料粘土を採取する利便性から選ばれたために、製品の輸送コストがかかりすぎるという弱点を抱えていたからであった。そこで栄一は三・六万円の社債を発行し、これによって鉄道が開通している深谷まで工場から専用鉄道を敷設する計画を立てた。この社債募集も困難をきわめたが、再度、蜂須賀侯爵家の応諾があり、さらに三井物産の益田孝の承諾もあって、蜂須賀家、三井家、第一国立銀行が引き受けることになった。こうして敷設された鉄道が一八九五年に深谷まで開通した結果、日清戦後の経済ブームに遭遇したこともあって日本煉瓦の業績は、創業期の苦労が嘘のように好転した。

製造された煉瓦は東京駅や日本銀行（旧館）などの建設に用いられた。なお、同社は、第二次世界大戦後には太平洋セメントの子会社になった後、二〇〇六（平成一八）年に自主廃業した。重要文化財に指定された「ホフマン輪窯」など残存する工場施設などは深谷市に寄贈され、市の重要な文化財として保存整備されている。

経営が軌道に乗ったことを見届けた栄一は、一八九九年に代表取締役を辞任したが、それまでの栄一の同社に対する関与の仕方は、単に必要な資金を集めるという狭い意味での「合本」ではなく、自らが経営の陣頭にたって課題を解決していくものであり、栄一は、それを実行しうる経営能力を発揮していた。

2 「合本」の理念を追いかける

多数の企業創設に関わる

こうして一八八〇年代から一九〇〇年代にかけて、さまざまな機縁があって栄一は、多数の企業の設立、経営に関わることになった。これについては、現在では公益財団法人渋沢栄一記念財団のウェブサイトにある「渋沢栄一関連会社名・団体名変遷図」によって概要を知ることができる。また、栄一の関わった企業数やその特徴などを丹念に分析した島田昌和の研究も発表されている。

栄一が関与した企業は五〇〇社ともいわれるが、島田によれば、そのうち『渋沢栄一伝記資料』全五八巻には、約三五〇社の関係資料が掲載されている。これらの企業との関係を明確にするために、島田は『日本全国諸会社役員録』によって栄一が役員として関与した企業を調べ、一八九五（明治二七）年時点

表1　渋沢栄一の役員就任会社数

	1895年	1902年	1907年
会長・社長・頭取	10	15	9
取締役	6	6	6
監査役	1	4	3
相談役・顧問役	2	2	11
その他	0	1	2
合　計	19	28	31

出典）島田昌和『渋沢栄一の企業者活動の研究』22頁。

表2　渋沢栄一が関わった主な会社

会社名	渋沢との関係	·1873 ·1880 ·1890 ·1900 ·1910 ·1920·1931	現会社名(2008年8月)
第一国立銀行		73 75 総監役 取締役頭取 96	(株)みずほ銀行
(株)第一銀行		96 頭取 16 相談役 31	(株)みずほ銀行
王子製紙(株)		74 頭取・株主総代 93 取締役会長 98 02 04 相談役	王子製紙(株)
(株)第二十銀行	指導	08 09 相談役	(株)みずほ銀行
東京海上保険(株)	創立主唱者	74 相談役 94 取締役 09	東京海上日動火災保険(株)
(株)第七十七銀行	指導	09 相談役	(株)七十七銀行
大阪紡績(株)	創立主唱者	83 相談役 09	東洋紡績(株)
日本鉄道(株)		84 理事委員 00 04 相談役	JR東日本
日本郵船(株)		93 取締役 09	日本郵船(株)
東京瓦斯(株)		85 委員長 94 取締役会長 09	東京ガス(株)
三重紡績(株)	創立および救済に尽力	89 委員長 07 09 取締役	東洋紡績(株)
東京人造肥料(株)		87 委員長 93 取締役会長 09	日産化学工業(株)
東京製綱(株)		87 委員長 93 取締役 98 取締役会長 09	東京製綱(株)
日本煉瓦製造(株)		87 理事 90 理事長 93 取締役会長 09	日本煉瓦製造(株)(2006年3月廃業)
(株)東京石川島造船所		89 委員 93 取締役会長 09	(株)IHI
(株)帝国ホテル	創立発起人	87 理事長 93 取締役会長 09	(株)帝国ホテル
(株)東京貯蓄銀行		92 取締役会長 16	(株)りそな銀行
東京帽子(株)		92 取締役会長 09	オーベクス(株)
北越鉄道(株)	創立発起人会長	94 監査役 04 09 相談役	JR東日本
東洋汽船(株)	創立委員長	96 監査役 00	日本郵船(株)
汽車製造合資会社		96 創立委員及び業務担当社員 00 監査役 09	川崎重工業(株)
浦賀船渠(株)		03 相談役 09	住友重機械工業(株)
岩越鉄道(株)	創立発起人	96 取締役会長 05	JR東日本
浅野セメント合資会社	出資社員	98 監査役 09	太平洋セメント(株)
北海道鉄道(株)		01 相談役 04	JR北海道
(株)日本興業銀行		01 設立委員 04 監査役 09	(株)みずほ銀行

出典）見城悌治『日本の経済思想　評伝　渋沢栄一』58～59頁。

で一九社、一九〇二年時点で二七社、〇七年時点で三〇社の延べ五〇社があったことを明らかにした（表1）。このうち会社・頭取職などに絞ると、〇二年時点では一五社が掲載されており、栄一が「最も積極的に会社の設立、運営に関わった」のは〇二年前後、栄一が六〇歳のころのことと、島田は推定している（島田A、一九頁）。なお、同じ時期に栄一ほどではないが、大阪では第百三十銀行の松本重太郎が多数の企業の役員に名を連ね、企業設立に重要な役割を果たしていた。しかし、松本は一九〇〇年代はじめの恐慌によって経営破綻し、その地位を長く保つことはできなかった。

時系列で主要企業との関係を図示すると表2のようになるが、栄一が一九〇九年に実業界を引退することを表明し、主要な公職を次々と辞任したこともあって、第一銀行を除けばおおむねその時期までの関与となっており、一八八〇年代から関わった企業との関係が長期にわたったことも知られる。

これについて、島田は、次のように特徴をまとめている。すなわち、第一に日本煉瓦製造、東京製綱、東京人造肥料、東京海上保険、石川島造船所、王子製紙、東京瓦斯、札幌麦酒の各社のように、それまでの日本には存在しなかったまったく新しい欧米の知識や技術を導入した業種がきわめて多いこと、第二に日本鉄道、北海道鉄道、北越鉄道、若松築港、門司築港、磐城炭礦、長門無煙炭礦の各社のように鉄道、港湾、炭鉱などの近代経済のインフラといえる業種が多いこと、第三に、主要な役職者として関わる場合には、一業種一社を基本原則としていたこと、第四に、鉄道や炭鉱などのように同一業種でも複数会社の役職につく場合、地域的に折り重ならないことを原則としていたこと、である（島田A、二〇頁）。

こうした多彩な企業活動への関与には、浅野総一郎や大倉喜八郎などと共通して役員となっている企業もかなりあり、そのほか、地方財界の有力者との協力関係も見出され（島田A、三〇頁）、栄一は、こうした人的ネットワークのなかで自らの責任を果たしていた。

そのなかで、すでにふれたように、抄紙会社や人造肥料では、栄一は直面する経営困難に具体策を講じ、それを陣頭に立って指揮する経営者であった。また、日本鉄道や東京人造肥料などの事例では予期しない経営危機に際して、株主の利害対立・異論を調整し、株主総会などで議論をまとめる役割を果たした。

しかし、栄一の役割が際立っているのは、会社の設立時であった。商法が制定され会社制度のあり方に関する法的整備が進む前には、どのような規則で会社を運営するかについては、個々の企業の創設に関わる人びとの裁量に委ねられる部分も少なくなったから、そうした枠組みを作り出すうえで、国立銀行条例の制定や立会略則の編纂などによって企業制度に必要な要件に知識と経験のある栄一は、得がたい相談相手であったことは間違いなかった。

それだけでなく、栄一が取引所を設立して株式の売買に途を拓いたとはいえ、とりわけ明治の前半期には株式の流通には限界があり、必要な資金を株式会社などの制度によって集めるのは、対人信用に基づく人的なネットワークに依存する面が大きかった。だから、栄一を発起人などに加えることは、会社の設立のために資金を集めようとする起業家にとって頼りになる存在であった。そして、井上馨をはじめとする政界とのパイプをもつ栄一は、必要な場合には政府の補助などを獲得することにも大きな役割を果たすことが期待できた。

民業を育て、官尊民卑の社会を変えようという栄一の志が根底にあっての事業への関わりであったことは、改めていうまでもない。それだけでなく、明治期の産業化の創成期には制度的な基盤が不十分であることが、これを補完しつつ企業制度の発展を支える役割を栄一に負わせることになった。繰り返しになるが、経営が軌道に乗るまでの経営者として発揮されたたぐいまれな指導力も見逃すべきではない。資金を集める旗振り役だけではなく、静岡時代の商法会所以来、栄一の事業への関わり方は、初期に遡れば遡るほど、若いころに培った商才に基づいた経営者のそれであった。

一九〇八年の『実業之世界』一一月号は、「もし渋沢男爵が死んだならば」という大胆な仮定に基づく社説を掲載し、栄一が関与した企業はしっかりした経営者を育てているので心配ないが、七〇歳になった栄一の声望に頼り、「勢力と信用とを利用して、事業をなそうと言う意気地なし連中は差し向き途方に暮れるであろう」、「男爵が死んだならば、紛擾の仲裁等においては殊に社会はこの大公人を失うの損失を最も痛切に感ずるであろう」と予想した（見城、九八頁）。この予想には、そろそろ栄一頼みを卒業すべきだとの意図が込められていたと思われるが、その反面で栄一が果たしていた重要な役割を明確に示していたということができる。

「合本主義」の意味

以上のように、株式会社制度の導入に大きな役割を果たした栄一であるが、企業のあり方として、株式会社を唯一の選択肢として推進したわけではなかったことは注意する必要がある。この点について、島田昌和は、渋沢家の事業関係の資金収支を分析し、

「株式会社制度の唱道・育成というこれまでの渋沢栄一の一般的イメージとは異なって」栄一が状況に応じて適切な企業形態を選択したことを指摘している。それによると、一八九七（明治三〇）年に新規に引き受けた株式が一四万円に対して、合資会社への出資は二三万円を超えており、一九〇〇年から一〇年にかけて「年間の株式や出資による引受額の全体のおおよそ三分の一が株式会社以外の形態によって占められて」いた（島田B、七六～七七頁）。株式会社以外の形態には、合資会社・合名会社などだけでなく、匿名組合などの形態での個人事業への出資も含まれていた。匿名組合では有限責任が認められていたから、栄一は「大資本を必要とする公益性の高い会社には株式会社を唱道し、ハイリスク・ハイリターン型のものは合資会社を、そして小規模の個人ビジネスには合名会社を当てはめ、さらにそこに匿名組合を組み合わせることで、投資家のリスクを限定的なものとし」、「規模や目的にあった組織形態を選択した」というわけである（島田B、七八頁）。

この指摘は、渋沢家の家計収支、ふところ事情から、栄一が投資家としてどのような判断をしていたかを推測した点で新鮮な論点を提示している。ただし、栄一が計画されている一つ一つの事業活動のリスクを的確に判断できていたというわけではないだろう。古河市兵衛の銅山組合への参加のように、栄一に当初から算盤の目算が立っていたわけではなく、後日、予想もしない多額の収入を渋沢家にもたらすことはあったとしても、それは結果に過ぎなかった。もちろん、初期のこのような成功が引き続き同様の冒険的な試みに出資する態度を醸成したという可能性もあるが、栄一が企業形態を選択する基準は、その計画に関わる人たちの経営能力や出資能力、そして事業に必要な資金の規模ではなかったかと思われる。現実に栄一は、関係する事業の窮状を救うため運転資金を直接提供したり、保有株式を貸与して金融機関から借入の道を開くなどの援助も行っている。そして、そうした事例のなかには、「回収不能となった案件が実に多いこと」が指摘されており（島田A、三一九頁）、それが渋沢家の経営収支を圧迫する要因になっていた。栄一の資金面での関与・支援は、「算盤が合っていない」状態だったのである。栄一の経済思想を研究した坂本慎一が栄一について、勤勉家ではあったが、「失敗の絶対数が非常に多い人物」と評価しているのは、投資行動だけに限ったものではないが、企業への出資にはよく当てはまる特徴というべきかもしれない（坂本、二三四頁）。

　晩年になるほど栄一は、「合本主義」という言葉で自らの事業あり方に関する基本的な理念を語ることが多くなる。この「合本主義」について最近の日仏共同研究『グローバル資本主義の中の渋沢栄一』は、「公益を追求するという使命や目的を達成するのに最も適した人材と資本を集め、事業を推進する考え方」と定義しており、経営史家宮本又郎もこれに賛意を表している（橘川編、v頁、宮本、二二六頁）。「合本主義」の現代的な意義を問うとすれば、この定義は適切なものであろう。しかし、栄一が折に触れて説明した「合本主義」とは、それほど明確に「公益追求」を使命や目的としているとは言明されてはいないし、当初から公益追求が強調されていたわけでもない。もう少し実際的な視点で、事業の社会的有用性を大前提にして、民業の育成の有力な手段として合本の有効性が強調されている。もちろん、その場合に合わせられるべき「本」とは、人的資本なども含む広い意味での「資本」であることはいうまでもない。

すなわち、合本には、①資金を集めること、②必要な経営能力を備えること、③必要な技術的基盤を固めることなどが含まれている。それが「合本主義」として栄一が追求してきたことではなかったかと思われる。このうち、後二者は、人的資本とでもいうべきものであり、それらも事業の活動に不可欠な条件であることを、栄一はさまざまな経験を通して自覚していった。つまり、この点についての栄一の考え方は、経験を重ねるにつれて深まっていったと見ることが適切なようである。

合本の最初の例とされる静岡の商法会所では、藩が出資する元金に加えて商人たちからも資金の提供を受けて、それでなくてはできないような、より大規模な商業・金融活動が試みられた。商品取引などでは商人たちの持つノウハウも大きな力になった筈だが、商法会所の事業は、栄一自らの指揮の下に、預かった資金を運用し、利益を還元するものであったから、そこでは資金を集めること以上には「合本」の内実は乏しかったというべきであろう。

しかし、栄一は、国立銀行の創設にしても、抄紙会社にしても、紡績会社にしても、それまでの経験だけではなく、新知識、新技術を活用する必要がある事業に活動の舞台が移っていくなかで、単に資金を集めるだけではなく、事業活動を進めるための条件に関心を払う必要があった。とくに技術的な基礎を重視した栄一のスタンスは、抄紙会社の経験などに由来し、大阪紡績設立に際して山辺丈夫に技術伝習を依頼したことなどにも現れている。そこでは、日本人の技術者を育て、それによって実際の事業を運営することが追求されていた。その基本的な理由は、外国人技術者の雇用に必要な賃金が高過ぎる割には、それに見合った成果に乏しいために高賃金が経営を圧迫することにあった。もちろん、それだけではないが、この費用の問題は、財政上の収支の健全性を重視する栄一の経済観にも共通し、事業収益獲得には経費節減が重要な要素であることに自覚的であったことに由来するように思われる。

ただし、何が何でもというわけではなかった。外国の技術が優れていれば、それを尊重し、輸入品に高い支払いをすることを厭わなかった。少し事業の性質が異なるので、簡単に一括りにすることは適切ではないが、そうした栄一の考え方が表れたのが東京市の水道管事業であった。東京市参事員として東京市の水道事業の創設に際して、栄一は、布設される水道管について国産品では品質面で問題があり、工事にも支障が生じるとして、外国製の輸入鉄管を使用することを主張した。これも技術的な基盤が不完全な国内鉄工業の状態を考慮して水道事業の将来を確固たるものにしたいとの栄一の思いからであった。しかし、この主張は、「渋沢は外国人からコンミツションを取る目的で内国製品をないがしろにする」売国的行為を行っているものと誤解されて（青淵回顧録、上、五三四〜五三六頁）、一八九二年一一月に栄一の乗る馬車が二人の凶漢に襲われるという事件を引き起こした。しかし、こうした脅しがあっても、栄一の信念は揺るがなかった。

人材の育成

事業経営に必要な経営能力については、適切な人材を選抜して経験を積ませ、それに期待する面があった。もともと、そうした人材が十分にあったとはいえない時代に、限られた学卒者を雇用することは、有力な企業であればともかく、多くの企業では手の届くことではなかった。栄一が求める人材はトップマネージメントを担う人材だけでなくミドルクラスの人材にも及んでおり、その育成にも努めた。第一国立銀行の創立期にシャンドのもとで簿記を始め銀行実務を習得させたのは、その好例であった。こうして同行の発展を担う佐々木勇之助などの人材が育てられていった。旧津軽藩士たちが計画した銀行設立計画では、栄一は銀行設立の方法などを教えるとともに、選抜された若者を第一国立銀行に受け入れて業務の実習させた（宮本、一一八〜一一九頁）。

　商業教育機関としては、アメリカのビジネススクールに着目した森有礼《もりありのり》などにより商法講習所が設立されていた。この講習所は森が清国公使に赴任するため東京市に譲渡されたが、一八七八（明治一一）年に栄一を中心に東京商法会議所が設立されたことに伴い、会議所が運営を引き受けることになった。この講習所は八二年農商務省所管の東京商業学校となり、八五年には文部省所管になったが、同校に対して栄一は一貫してこれを支援した。このような取り組みは、合本の前提となる条件を整えることが必要な時代状況を反映していた。東京商業学校は、八七年に高等商業学校、一九〇二年に東京高等商業学校と改称され、一九二〇年に大学令に基づく東京商科大学となった（後述）。これが現在の一橋大学の起源となる。

　竜門社の設立によって中堅から上層の経営者を育てたのも、そうした方向と軌を一にしていた。一八八六年に福住町の渋沢邸に栄一の長男篤二《あつじ》と寄宿していた青年たちが、勉学とその成果の発表の場所として結成したのが竜門社であった（事典、三八頁）。運営の中心は、佐々木勇之助などの第一銀行関係者、阪谷芳郎、穂積陳重《ほづみのぶしげ》、八十島親徳《やそじまちかのり》などの渋沢同族関係者のほか、堀越商会の堀越善重郎、東京印刷の星野錫《しゃく》、清水組の清水釘吉、日本煉瓦の諸井恒平、東京瓦斯の福島甲子三《かしぞう》、大日本麦酒の植村澄三郎《ちょうさぶろう》など渋沢の関係する企業の経営者であったという。島田昌和によると、竜門社の会員には二種類あり、「特別会員」としては、社長・店主・専務取締役などのトップマネジメントだけでなく、支配人・部長から支店支配人、出張所主任などのミドルマネジメントまでを有資格者としていた。これに対して、「通常会員」は、一般社員、行員、学生など将来「特別会員」となることを期待する若者たちであった（島田B、一〇一頁、詳細は島田A第六章）。幅広い経営人材の育成が竜門社の事業では企図されていた。

経営者の役割

竜門社では、懇親の要素が大きい年二回の総集会が開かれる一方で、月次の会合で識者の講演や会員相互の意見発表を受けた議論などが続けられた。それは経営者としての会員の自覚を高める意味をもったと考えられる（島田B、一〇二頁）。その竜門社の会合で、一八九九（明治三二）年四月に栄一は、「株式会社の将来」と題して講演し、経営者が守るべきことがらを次のように述べたという。

第一、株式会社の当局者が、その会社の事務を処弁し、財産を管理するに当たっては、全く自己の所有物を愛護すると同一の精神を持ちうべきこと。

第二、株式会社の当局者は、法律およびその会社の諸規則を格守し、いやしくも粗忽の行為、姑息の挙動あるべからざること。

第三、株式会社の役員は勉めて情弊を矯めて、改進を謀るべきこと。

第四、株式会社の役員は、一時の栄誉衒《てら》わずして、事実の成功を永遠に期すべきこと。
第五、株式会社の役員は、特殊の勢力を恃み、一種の事情に制せられて、公平を欠くべからざること。
（見城、六二頁、原資料は、『竜門雑誌』一九〇〇年一月号）

この言葉のなかで、株式会社の「当局者」と「役員」とを区別して、それぞれの役割を明確に示していることが印象的である。宮本又郎は、近代移植産業に必要とする大資本の募集に応じうる資産家（華族・地主・商人）たちは、新事業の投資には消極的であり、それ故に「奉加帳の筆頭人」になるような栄一の存在を介して株式会社が組織され、明治期の日本企業は「特定の企業経営に強い関心を持つ中核的な資本家を欠いた、レントナー的資本家の寄り合い所帯」であったと指摘している（宮本、二四八〜二五〇頁）。そのために、会社設立後にこれらの出資者が取締役などの役員に就くことはあっても、実際の経営に関しては「管理職社員がトップマネジメントの役割を果たしていた」。

このような企業の経営陣の構成を前提にすると、当局者とは実質的な経営の担い手であり、役員が出資者であったと受け止めることが許されよう。そして、栄一は、当局者であるマネージャーたちに会社の業務に誠実で、遵法精神に則った行動を求めた。その一方で出資者である株主には、情実や一時的な事情に惑わされず、長期的な企業の成功を念頭におくこと、党派的な行動によって会社経営の公平さを損なわないことを求めていた。株主に対しては、強く自制を求め企業経営を長期的な視点で見守ることが求められており、これが合本主義における資本の出し手に対して求められた役割であった。このような栄一の捉え方は、今日的な問題にも示唆を与えるものであろう。

誤解された「合本主義」

この栄一の考え方に対して、しばしば岩崎弥太郎の「独裁主義」が対比されるが、この対比は双方の主張に対してそれぞれに誤解がある。この点について『青淵先生伝初稿』（伝記資料、8、一七頁）では、三菱が「個人主義を取り、岩崎が専制の下に気儘に経営する時は、国利民福を阻害するに至るべし」と考えた栄一は、「商工業は合本組織によりて広く資本を公募し、之を集成して事業を為すことの公益なるを確信」し、その経験から岩崎との意見が対立したこと、そのため、一八八〇（明治一三）年八月に岩崎の招きで「向島の酒楼柏屋に招き」、岩崎弥太郎と意見を交わしたが、互いにその主義を譲らず、激論の末に栄一は席を蹴って去ったことが、記述されている。また、一九二六年に採録された『雨《う》夜《や》譚《たん》会《かい》談《だん》話《わ》筆《ひっ》記《き》』では、次のように回想されている。

　三菱の方は岩崎弥太郎氏が、私の主張する会社組織は駄目だぞと云い、自分と二人でやれば、日本の実業の事は何事でもやれると共同を申込んで来た。
　或る時岩崎氏からお目にかかり度い、舟遊びの用意がしてあるから、と云って来た。私は増田屋へ行って居り、早速行かずに居ると度々使いを寄こすので、岩崎の居る柏屋へ行くと、芸者を十四五人も呼んで居る。二人で舟を出し網打などした処、
　岩崎氏は『実は少し話し度いことがあるのだが、これからの実業はどうしたらよいだろうか』と云うので

私は『当然合本法でやらねばならぬ、今のようではいけない』と云った。
それに対し岩崎は『合本法は成立せぬ。も少し専制主義で個人でやる必要がある』と唱へ、
大体、論として『合本法がよい』『いや合本法は悪い』と論じ合い、はては、結末がつかぬので、
私は芸者を伴れて引上げた。

このような栄一の回想が、栄一と岩崎弥太郎との対立を語る時の根拠となっている（伝記資料、8、一七～一八頁）。

しかし、栄一の証言は一九二六年という四〇年以上経ってからのものであり、両者の会合があったという一八八〇年に栄一の「合本主義」が明確に意識化されていたとはいえないことは、ここまで述べてきたとおりである。従って、「個人独裁」か「合本」かという図式は、後に面白おかしく尾ひれをつけられたものという疑いも強い。誤解があるというのは、この時に栄一が強く「合本」を主張して岩崎と対立した根拠に乏しいということである。

ちょうどそのころには、海運業に覇権を確立した三菱の事業に対して批判的な世論がふつふつと顕在化しつつあり、東京風帆船会社や共同運輸に肩入れをする栄一の行動が、岩崎・三菱批判の陣営に加担することを期待されていたことは考えられる。だから、当時から岩崎対渋沢の対立をあおるような報道があっても不思議ではなかった。品川弥二郎のもとで三菱批判の先頭に立っていた星亨《ほしとおる》は、岩崎・三菱を「海坊主」とあだ名し、海坊主退治の必要性を盛んに吹聴していたといわれる。これに

対して、「第一国立銀行頭取渋沢栄一氏は、米相場に洋銀売買に百事蹉跌し、七十有余万円の金額を損失し、落胆狼狽の折柄三井銀行と謀り、福地源一郎・益田孝等諸氏を顧問として、大に風帆船会社を起し」と栄一の側が、窮状に陥っていたことを報道するものもあった（伝記資料、8、一八〜一九頁）。この報道ではさらに、某新聞の報道として、「渋沢栄一君は百事失敗嘆息のあまり、自殺せんとするに至りたるが、幸に人の止むるに逢い、一とまず其生命を保ちたりと」と伝えている。これらについて共同運輸や渋沢側では、岩崎の差し金で報道されたデマとしているが、岩崎の差し金であるかどうかはともかく、デマであることは間違いなかった。この時期の報道の真実性には疑問があることは、この一事からも明らかであろう。だとすれば、その一部だけを信頼して「対立」の面だけを物語ることには問題がある。

明治一四年政変後の一八八一年に岩崎弥太郎は、社内に向けて「世間の風潮に渡り合うことなく、商売に専念するよう」「三菱の従業員は一切政治に関与せざるよう」要望していた（武田C、一七四頁及び武田・関口、第3章参照）。こうしたことが必要であったことは政変の影響に加えて自由民権運動なども絡んで反三菱の動きが強まるなかで、これに反撃しようという動きが三菱の社内にもあったことをうかがわせる。その結果、デマ報道が流された可能性は十分にある。しかし、それは一方的なものではなく、相互に応酬されたものであろう。そして、そうした物語があったとしても、これに対して岩崎は自重を求めており、ことさらに栄一と対決姿勢を示していたわけではなかった。

共同運輸が創立されてもしばらくの間、三菱の社内では「両社親睦」が基本方針であった。その点では、栄一の方がこの騒動に巻き込まれ、一時憤懣やるかたない思いをしたようであった。栄一は、共同運輸側の懇望によって伊藤博文を訪ねて共同運輸側から聞かされた「三菱の悪質な謀略」を並べ立てたが、その論法が一方的であることを伊藤に諭されたという逸話も残っている（渋沢秀雄、二六一～二六二頁）。共同運輸を設立し三菱独占を打破しようとしていたと言われる明治維新政府のなかでも政権の中心人物である伊藤は、新聞報道によってでっち上げられ、あおり立てられた対立の真相が見えていたのかもしれない。それにしても、栄一としては、よほど腹に据えかねたことがあったのだろう。それが後年の回想談に反映しているように思われる。しかし、栄一は、岩崎と決定的に決別し袂を分かったわけではなかった。『雨夜譚会談話筆記』では、渋沢敬三の「それでは、岩崎弥太郎さんとは大激論をやって険悪になったと云う程ではないのですね」という問いかけに、栄一は「険悪になったのではない。双方考えが違うのだ。各々長ずる処でやろうという程度であった」と答えている（伝記資料、別5、五四三頁）。

二人が会社経営に関して論じ合ったのは、共同運輸が設立されて激しい競争が展開する以前の一八八〇年のことといわれる。その翌年の政変に絡む対立をあおるような報道によって世間が騒然とするなかで、弥太郎は敢えて共同運輸との競争を回避しようとし、世情に押されて浮き足立つ三菱の社内を引き締めようとしていたが、その途中で一八八五年二月に競争・対立の帰趨を見届けることなく他界していた。それゆえ、競争の最終局面で弥太郎の弟弥之助たちは、「弥太郎の弔い合戦」と称して共同運輸に激しい運賃競争を挑んだといわれている。対立が大げさに伝えられる条件は十分にあった。

しかし、その弥之助は共倒れを防ぐために共同運輸との合併交渉に入っていた。世間が騒ぐほどには、その中心にいた人たちは冷静さを失ってはいなかった。いずれにしても、仮に両者に激しい対抗心があったとしても一方の当事者の死によって、この物語が続く要因はなかった。

弥太郎の死によって二人が和解する機会は失われたが、両社が合併して日本郵船が設立された翌年一八八六年正月に、栄一は「益田、大倉の二人および喜作と一緒に、駿河台の弥之助男爵の邸宅を訪ね、男爵および三菱の勇将とも言うべき重役たちと歓談し、これによってお互い従来の不快な感情を一掃し、それ以来私と岩崎家と懇意にするようになった」と語っている（守屋版、二五四頁）。

確かに両者の事業経営に対する考え方には、大きな差異もあった。岩崎は、大久保利通・大隈重信の海運政策を受けて内外の海運業者との競争に打ち勝って独占的な地位を得るようになっていた。栄一の視点から見れば、官と民との対等の関係のもとに民業の発展を目指す志とは異なって多額の政府資金の援助を受けていることは、主義主張の点では相容れない側面を持っていたことは間違いない。ただし、後日、共同運輸の設立に協力し、政府の援助を受けて三菱の独裁を打破しようとする計画に参画した栄一が、三菱の経営のあり方を批判できるとは思えない。

しかも、岩崎の独裁主義は、その「立社体裁」によって宣言されているように、事業経営の権限も責任もすべて弥太郎個人に帰するとしていたところに淵源がある。資金的には政府の助成金を受けたものの、それ以外は利益の再投資であって、他から資金を集めていない。このことも、多数の出資者を募って事業資本を準備することを重視する栄一の考え方とは異なっている。当代随一の実業家となって多額の資産を蓄えていた弥太郎から見れば、その潤沢な利益があるために新しい事業を起こす際に必要な資金面での制約は小さく、合本によってこの制約を突破しようとしていた栄一のやり方を考慮する必要はなかった。

しかし、出資者であり陣頭指揮の経営者であった岩崎弥太郎は、栄一が「合本主義」の重要な課題として、経営者と株主の役割の違いを明確に意識するようになっていったのとは異なって、早い時期から専門的な経営者の育成には関心を払い、慶應義塾出身の荘田平五郎などを採用して事業組織の整備に努めていた。こうした関心は第一国立銀行設立などの事例で栄一が「申合規則」などを組織して、経営内部の組織の整備に心を砕いたことと共通し、両者に近代的な企業の重要な側面についての理解に大きな懸隔があったとはいえない。しかも、抄紙会社や人造肥料会社の例からも知られるように、多数からの出資を集めた栄一は、経営の第一線に立って課題を解決するために陣頭指揮する経営者でもあった。この傾向は明治前半期にはとくに目立っており、岩崎弥太郎と会談した時期の経営への関与について、栄一と天地のへだたりがあったとは考えにくい。栄一にとって批判すべき点が岩崎の事業観にあったとすれば、それは利益の配分について「独占的」とみられる点であったろう。しかし、出資に対する正当な反対給付を株式会社制度が求めていたことを、個人事業の三菱が出資者である岩崎家に利益をすべて配分していたこととの間に原理的な差を見出すことは難しい。

むしろ、この対立の「挿話」が栄一が苦心した企業制度整備について、少額の資本を集めて大規模な組織に必要な資金を調達する株式会社制度の特徴に惹きつけられて理解され、「合本主義」とまとめられることになる栄一の、企業のあり方に関わる理念の真意が伝わりにくくしたという側面があることに注意しておく必要がある。栄一は、「合本」によって資金だけでなく衆知を集めて経営することの利点を強調していたのである。それは、衆議によって生ずる利害・意見の対立を栄一が引き受けるという労苦も伴うものであったから、栄一はしばしば株主や役員たちの内輪もめに際して仲裁役・調停役として引きずり出された。それでも衆知を集め、さまざまな意見を聞きながら経営の方向を探っていくことに企業経営の真髄があると栄一は考えていたのであろう。

第五章　栄一の日常と実業家としての活動

1　家族と日常

渋沢家の家計収支

「合本」を標榜して多数の企業の出資を勧誘した栄一は、自らも株主となって、資金を提供していた。出資は、栄一にとって「合本主義」を実現するためには不可欠な条件であった。その資金源泉は、第一に第一国立銀行（第一銀行）からの借入金、第二に投資株式の配当金、第三に株式の売却代金などであった。島田昌和がこれについて、一八九〇年代から渋沢家の家計収支の資料を分析している（島田A、第7～8章）。それによると、一八九一（明治二四）年には預金及び借用金利息として四万二二四〇円ほどが計上されており、同年中の家計支出合計八万円の過半に達している。仮に年利が七％だとすれば、借入金は六〇万円、六％だとすれば七〇万円となる。すでにふれたように、この年には古河市兵衛との銅山組合の持ち分回収の残金二二万五〇〇〇円の収入があって、本書の推定が間違いなければ、銀行借入のうちの三〜四割が返済されたということになる。しかし、それにしても株式払込みなどの投資資金に第一国立銀行からの個人的な借入が不可欠であったことは疑いないだろう。他方で、同年中の「各社割賦金」は九万円を超えており、島田はこれらが株式配当金であり、そのうち四万三八二四円は第一国立銀行からの配当金であったことを明らかにしている（島田A、二〇一頁）。役員等の報酬額は収入の一割程度でそれほど多くはなく、貸金の利子などがこれを上回っていた。

この年、明治火災、三木開墾、筑豊鉄道、日本製帽、浅野鉱業組合、浅野回漕店などへの出資があって、合計で一四万円ほどの資産増加がみられる。この年は「一八九〇年恐慌の余波もあり、新規の株式引受けはほとんどなかった」とされているが、それでもそれなりの資金が必要であった。他方で、日本銀行株六〇株、第一銀行株五〇株、日本郵船株五〇株、大阪紡績株一〇〇株など七銘柄で五万二八九五円の売却代金を得ており、そのうち一万二一三二円は売却益であった（島田A、二〇九頁）。いずれも市場の評価が定まった株式を売却益を含めて現金化することによって、新規投資の資金にあてたと推定することができる。新規の起業への参加が求められていることが継続的に生じていたことから、栄一は、適宜所有株を売却しており、関係した企業の株式を長期に保有し続けていたわけではなかった。

この家計の収支書類では、奥向きの費用なども合わせて計上されており、家計と投資家としての経営の経理とは未分化のままであったが、生活費などの家計の支出に向けられたのは全収入の二割程度で、それほど大きな金額ではなかったという（島田Ａ、二一一頁）。

　次に、その後の収支の動向についても島田昌和の研究によってみると、日露戦争期を境に大きく収入が増加した。このうち、経常収入額は一九〇一〜〇二年の二三万円ほどから〇六年以降には三〇万円台、一三年からは四〇万円台に漸増している。この間に、一九〇五〜〇七年には一七万円から三六万円の臨時収入があり、また、一九〇九年に一七万円、一一年一〇万円、一二年二八万円、一三年五五万円の臨時収入があった（島田Ａ、二二八頁）。これらの短期の収入増は株式の売却益などと考えられ、日露戦時・戦後のブームと第一次世界大戦直前の一九一〇年代初めにかなりの株式売却による譲渡利益の獲得があったとみられる。それらは、新規の投資だけでなく、既存出資先の増資に伴う払込資金に充当されたと考えられる。

　臨時収入のうち、一九〇五年には第一銀行株合計四八〇株（売却益、一株一九〜三二円、筆者推定）が三回に分けて売却されたほか、大阪紡績株四〇〇株（同、三五円以上）、三重紡績株六〇〇株（同、四〇円）が売却されている。翌〇六年には、三重紡績五〇〇株（同、六三〜八〇円）、東京人造肥料一〇〇〇株（同、四〇〜七〇円）、大日本麦酒六〇〇株（同、七〇円以上）などの売却が行われている（島田Ａ、二四六〜二四八頁より算出）。この売却価格は、島田の検討によれば株式取引所の場内であるか、場外であるかは判明しないものの、おおむね取引所の相場に連動していたという（島田Ａ、二六四頁）。栄一は、自らが創り出した株式取引所制度のもとで形成された取引相場を基準に売却価格の適否を判断していたということになる。

島田は、すでに紹介した一八九一年だけでなく、栄一が保有する株式を「ほとんど日常的に、同時期にきわめて膨大な量の株式を売却していた」と指摘している（島田A、二四二頁）。それは、「自らが役員に名を連ねる会社であっても投資としてある程度有利な条件で積極的に売却する」というものであり、こうした行動の理由は「新たな会社の設立原資を得ることを優先して行動していた」ためだったと評価されている（島田A、二六九頁）。

このように売却益を含めた株式売却代金によって多額の臨時収入を得ていた一方で、一九〇三年には王子製紙の減資に伴う損金五万五三〇〇円、石川島造船所減資損金二万四二〇〇円など、投資に伴う損失が多額に達することもあった。

収入の激しい変化に比べると支出面では経常支出が五～八万円程度で安定しており、支出は抑制的に管理されていたと考えられる。経営の健全さを維持するために冗費を節減することに努めた栄一らしいものであった。

家法の制定と同族会

ところで、一八九一（明治二四）年から渋沢家の家計収支の記録が残されているのには理由がある。この年、渋沢家同族会が開かれて「家法」が制定されたからである。同族会は八九年に第一回会合が開かれているが、九一年五月に栄一は同族を集めて、家法を制定し、以後はこれに沿って渋沢家を運営することを宣言した（島田B、一一三頁）。

この家法は、「大体の趣旨は先生（栄一）案を立て、その条章は女婿穂積陳重の編成に係る」もので、要点は、同族会議を設置し、これによって「家政の要務」を議論し、「同族の財産及年々の出入を監督せしむる」ことであった。栄一は、穂積の追悼文のなかで穂積の法律の知識を生かして家法を制定しようとした意図を次のように語っていた。

穂積と縁組した年に、私の先妻がなくなった。別の妻を迎えねばならぬ。その当然の結果として異母兄弟ができるような事情になったから、かくては何かにつけても問題も起こりやすい。私は富豪ではないから、まさか財産上の争いなど起こるはずもないが、君子人でない限り不和になることのあるのは免れぬ（中略　原文）。

そこで渋沢の一家小なりとも、一家を為す以上は、一族の者の心にわだかまりのないような方法を講ずることが、国家に憲法が必要なのと同様に、肝要であると思ったので、一家の憲法としての法律が出来るものかどうか、出来るものなら作っておきたいものであると、穂積に相談したところが、それはもっとも千万であるという。（佐野、一一八頁）

つまり、再婚などもあってやや複雑な家族構成となっていたことなどにも配慮して家法の制定が推進されたことになる。

穂積のまとめた家法は八七条に及ぶもので、その前文には「余は余が子孫の協和とその家業の鞏《きょう》固《こ》とを永遠に保維せんことを冀《き》図《と》し、ここに家法八十七箇条を定め明治二十四年七月一日より之を実施す、現在及将来の余の子孫たる者は謹んで之を遵守し敢て違うことあることなかれ」と宣言されている。また、この家法制定とともに、栄一は「処世接物の綱領」「修身斉家の要旨」「子弟教育の方法」の三則からなる「家訓三則」を作って同族がこれに従うことを求めた（伝記資料、29、三〇〇頁）。この「家訓三則」は第一則の「処世接物ノ綱領」において「常に愛国忠君の意を厚くして、公に奉する事を疎かにしてはならない」と明示するなどの行動規範であり、家族が守るべき道徳的な準則を示すものであった。

同族会の構成は、家法第一条によって、栄一とその嫡出の子およびその家督相続人、ならびのその配偶者に限られ、「未成年者の配当分は宗家に属し」、男子は成年に達した時に、女子は嫁入りの時に権利を分与することにしていた（島田A、二一六頁）。初期の構成メンバーは、栄一と妻兼子、長男篤二とその夫人敦子、長女夫妻である穂積陳重・歌子、次女夫妻である阪谷芳郎・琴子であった。その後、成人に伴って武之助、正雄が参加することになった。また、第二条では、第一条に定めた以外の同族の増加を認めないこと、第三条では栄一の一家を宗家とすること、第四条では宗家以下の序列を長幼の序によることとし、配偶者は栄一の血統の序列に沿うこととした。また第五五条では、配当金の分配比率が定められ、宗家が五割、穂積家、阪谷家、武之助、正雄、愛子にそれぞれ一割と定めた。ただし、上記の規程に沿って武之助、正雄、愛子については、当分は宗家の預かりとなった（佐野、一一九〜一二〇頁）。この配当の基準は、宗家以外の子どもたちには平等であったことに特徴があるとともに、栄一によって創り出された渋沢家の財産からの収益配分だけを規定していることから、「総有制」的な財産の管理の仕方であり、同族がそれぞれの持ち分を自由に処分することを認めないものであった。

家法の制定は、当時の富豪たちのなかで流行のように取り組まれたことがらであった。たとえば、三井は一八九〇年代初めから「家憲」策定に着手し、一九〇〇年にまとめており、これにも栄一の依頼もあって穂積が関与している。また、住友では一八八二年に旧規定を改定した「住友家法」が制定され、九六年に再改定されたことなどが、よく知られている。このほか、穂積は九二年に清水家（現・清水建設）の家法制定にも関わった。従って渋沢家の家法制定が特異な事例ではないが、三井や古河などに家憲の制定を勧めていた井上馨の助言などがあったものとも考えられる。

このように家法は他家にも例を見ることができるものであったが、それに基づく渋沢家の家政の運営には栄一独特の考え方が反映していた。収益の配分が子どもたちに平等であっただけでなく、同族会の運営では、栄一はできる限り実情を開示して透明性のある運営に努めた。これについては、曾孫の渋沢雅英が「資産や仕事については子供に正直に開示し、新しい企業に投資するとか、どこそこの学校の運営を支援するとか、公共事業に寄付をするといった構想をすべて説明し、その結果を議事録に明記したうえで実行していた」と説明し、民主主義的な意識や生き方を示す運営方法であったと証言している（宮本、三四〇〜三四一頁）。ここには、栄一が欧州滞在で学んだ平等・対等の精神が反映されていたと考えることができる。他方で、同族各家に対しては、分配された利益に基づく家計収支を毎年一月と七月に収支予算決算書類として提出させ、栄一の承認を受けることを義務づけていた。末子の秀雄の表現によれば、「間際にくると試験勉強みたいに家計のツジツマを合わせながら計算書

兜町邸内部

兜町邸外観

をデッチあげる。なんとも面倒でいやだった」という（渋沢秀雄、三四五頁、鹿島、下、四六四頁）。同族会の家計支出は、こうした厳格な仕組みのもとで管理されていた。

栄一の住居と家族

さて、栄一の日常に目を向けてみよう。

栄一は、一八七六（明治九）年に福住《ふくすみ》町《ちょう》に居を構えたが、その翌七七年には抄紙会社の敷地に近い飛鳥山《あすかやま》に約四〇〇〇坪の土地を購入して、清水店に敷地造成や母屋などの建築を依頼し、七九年に飛鳥山邸とした。それは、陶淵明の「帰園田居」の一節「暖遠人村、依依墟里煙」からとって「暖依村荘《あいいそんそう》」と名付けられ、当初は別荘や賓客接客用の場であった（事典、二六〜二七頁）。その後、八八年に栄一は兜町《かぶとちょう》に、のちに日本銀行本店の設計をすることになる辰野金吾に設計を依頼し、煉瓦造り二階建ての建物を建造し、そこに居を移した。この兜町の住まいを栄一は、渋沢事務所として使用していた。川に囲まれた立地を考慮してヴェネチァン・ゴシックの建築様式を取り入れて設計された建物は、「アーチ型をした窓の上部にはステンドグラスの代りに赤、黄、緑、紫などの色ガラスがはめ込んであった」という

（渋沢秀雄、二六四頁）。

その後、一九〇一年に飛鳥山邸を増改築して、ここに本邸を移した。移転当時は、周囲は一面の田畑で遠くまで見渡せたようだが、そのうち王子駅付近には巨大な煙突が立ち、その排煙が庭園の木々を枯らし、足袋の裏を一日で真っ黒にするようにもなった。家の者がこれに不平を言うと、栄一は、「ワシが骨折って建てた会社ばかりだから、いくら烟を出されても文句はいえんね」と笑っていたという（渋沢秀雄、二七四～二七五頁）。

それはさておき、増築後の本邸は、日本館、西洋館、茶室、土蔵、倉庫、車庫などを備え、八四七〇坪の大邸宅であった。飛鳥山邸は、私邸であるだけなく、多くの来客を迎える接待・接客の場ともなった。このうち、海外の賓客では、米国大統領であったグラント将軍、清国公使何如璋《かじょしょう》、ハワイ国皇帝ディヴィド・カラカウア、フランス銀行家アルベール・カーン、救世軍大将ウィリアム・ブース、インドの詩人タゴール、中華民国国民革命軍総司令蔣介石《しょうかいせき》などが飛鳥山邸に招待されている（事典、二九頁）。

飛鳥山邸本館

栄一の四男である秀雄は、日々の訪問客の様子を次のように回想している。

栄一は長年のあいだ飛鳥山の家で、毎朝誰彼の差別なく来訪者にあった。むろん事業の相談にくる実業家も多かったが、一面識も無い青年が煩悶を打ち明けにきたり、不幸な婦人が生活の苦しさを訴えにきたりもした。栄一はその一人一人に懇切丁寧な意見を述べる。つい話が長くなるので、あとの用事が栄一を待っている。

（渋沢秀雄、七三頁）

飛鳥山邸に栄一が住居を移したころには、秀雄は小学生であったから、この回想がいつころのことかを確定することは難しい。

秀雄が生まれたのは一八九二年のことであった。栄一は五八年に尾高勝五郎の三女で尾高惇忠の妹千代と結婚して、二男三女があった。千代は八二年に東京で大流行したコレラで亡くなった。伝染病であったために子どもたちは病床の母のかたわらに寄り添うこともできず、葬儀も内々で済まされた。郷里血洗島では、土葬が習わしであったが、伝染病死であったために千代の遺骸は火葬に付された。

それからしばらくして、栄一は江戸の豪商伊藤八兵衛の娘兼子と再婚し、五男一女をさずかるなど、二人の妻によって多くの子宝に恵まれた。このうち、千代との間に生まれた長女歌子は、一八六三年生まれ、穂積陳重の妻となった。次女琴子は一八七〇年生まれ、阪谷芳郎の妻となった。歌子との婚姻時二六歳であった穂積陳重は、欧米留学から帰国したばかりの少壮の法学者で、栄一が大蔵省に出仕した時に大蔵卿であった伊達宗城家の家令でもあった人物の仲介であった。また、阪谷芳郎は、八八年三月の琴子との婚姻時には大蔵省に入省したばかりであった。一橋家に仕えていた時代に栄一が藩内で兵員募集をするために訪れた備中で知りあった儒学者阪谷朗盧《ろうろ》の息子であった。いずれも政治家や実業家などの有力者との縁でもなく、また郷里の血洗島からの縁戚関係からでもない婿取りであったが、結果的には法曹界、官界において大成をなす人物を選んだのは、「栄一の眼力」であったかもしれない（佐野、一〇二～一一三頁）。

長男篤二は、一八七二年生まれで竜門社社長などを務める一方、謡曲、写真、狩猟、義太夫、活動写真などの多くの趣味を持つ風流人であった。この篤二の長男敬三が、渋沢家の二代目として栄一の家業を継ぐことになる。兼子と間には三男武之助、四男正雄、五男秀雄があり、それぞれ石川島飛行機製作所、石川島造船所、田園都市株式会社などの栄一が関与した企業で経営陣に加わった。三女の愛子は、のちに第一銀行頭取となる明石照男の妻となっている。子どもたちは、それぞれ高等教育を受けて巣立ち、あるいは嫁入りしていったが、それまでの間、多くの子どもたちが栄一のかたわらで育てられていた。長女の歌子は結婚後も深川福住町の渋沢邸内に住み、「お婿さんをもらったようなもの」と自らも語っている。長女として栄一の家族のよき相談相手になることを期待されてのことであった（島田B、一一〇～一一一頁）。ただ、晩年は別にして、早朝から深夜にかけての激務を続ける栄一が子どもたちとどれほどの時間を共有できたのかは、判然としない。

栄一の日常と財界活動

その栄一の多忙な日々については、島田昌和が一九〇二（明治三五）年一月の日記から一日の栄一の行動を示している。それによると、その日の栄一の行動は次のようなものであった。

自宅を出る栄一

曇、午前八時朝餐をおわりて兜町事務所に出勤す、数多の来人あり、午前十一時岩越鉄道重役会に出席し要件を議す、おわりて午後一時日本鉄道重役会に出席す、午後四時過ぎ銀行集会所総会の為め集会所に至る、季末の報告を為し役員投票等の事あり、おわりて七時より倶楽部晩餐会を開く、園田、豊川、池田、波多野、正金銀行中井芳楠《ほうなん》、三崎亀之助氏等来会す、食卓上一場の演説を為す、夜十一時王子別荘に帰宿す。

（島田B、八三頁、伝記資料、別1、二一九頁）

飛鳥山に住居を移しても、事業活動の拠点が兜町の渋沢事務所であったことがここからも知られる。この日だけでも岩越鉄道と日本鉄道の重役会に出席し、夕刻には銀行倶楽部の総会に出席しているから、来客への応接だけでなく、きわめて多忙な日々を送っていた。そうした多忙の栄一の状況を考慮してとのことと思われるが、島田によれば、東京人造肥料、東京帽子、東京石川島造船所など近傍にある会社の重役会も渋沢事務所で開かれていた。また、日本煉瓦の取締役兼支配人諸井恒平、東京人造肥料の専務谷敬三や支配人竹田政智、東京石川島造船所の専務梅浦精一がしばしば事務所を訪れ、栄一に業務を報告し、重要案件を相談していた（島田B、八四頁）。

この日の記録にはないが、栄一はほぼ毎日のように、午前中で渋沢事務所での用務を済ませると、午後にはほど近い第一銀行に赴いている。重役会があれば、それに出席するためであったが、それだけに限らず、銀行では佐々木勇之助など腹心の部下たちから報告を聞き、銀行の経営状態を確認していた。

授爵と大患

こんな八面六臂の活躍によって、一九〇〇（明治三三）年五月、栄一は、爵位を授けられることになった（青淵回顧録、上、六七三頁）。還暦を迎えていた栄一は、「勲章とか爵位とかいうものは総て政治に関する名誉であって商売に関する名誉ではない」と考えて、これを受けることには躊躇したと語っている。しかし、商工業者が祝賀会を開いて、この授爵は「商工業に力を尽し、実業の発達に勉励」したことが認められたことであり、「商工業の地位と信用」を高めた証拠と、祝賀の意図を説明したことに合点がいった栄一は、進んでこれを受けることとした（青淵回顧録、上、六七四〜六七五頁）。祝賀会の席で、祝辞への答辞にたった栄一は、実業に志した時代の心境を披瀝するとともに、「此の如きの所期を懐きて官を辞し、又士籍をも返上し政治方面の事の如き又は人爵の如きは一切断念したる上にて商工業界に投じたる者なるが故に、今回の恩命の如きは真に望外の事にして、光栄身に余りありて中心窃に忸怩たるものあるなり」と述べ、今後も「吾々商工業者の地位を高むるに努力」するとの決意を表明した（伝記資料、29、二七四頁）。

それから三年後の一九〇三年九月、栄一は、インフルエンザに冒されて発熱を繰り返すことになった。健康に不安を持ったのは、一八九四年以来のことであった。九四年には口の中に「癌腫」を患い、「一時絶望を伝えられ」たが、高木兼寛《かねひろ》、橋本綱常《つなつね》、スクリッパという三人の医師の執刀の下に切開手術を行い、これによって「全癒す」と記録されている（青淵回顧録、上、三〇頁）。比較的壮健だった栄一だが、これを期に禁煙したという。それから一〇年近く経って生じた健康不安に対して、栄一は多忙な日々のために満足な治療も受けず、十分な保養の期間もとることもできなかった。その不養生もたたって一一月には中耳炎を併発して切開手術を必要とするかという緊迫した病状となった。医師の懸命な手当で手術を回避して回復したものの、医師のすすめに従って国府津に転地静養となった（青淵回顧録、上、七一一頁）。

ところが転地先でも度々発熱を繰り返し、往診した高木兼寛博士が肺炎のおそれがあると診断して一九〇四年四月に飛鳥山邸に戻った。しかし、帰京直後から高熱を発して一時は非常に重篤な状態となった。

そんな状況のもとで開かれた一九〇四年五月の竜門社春季総会では、阪谷芳郎が挨拶に立ち、渋沢篤二や穂積陳重など竜門社の主な社員が飛鳥山邸に栄一の病状を心配して集まっているために会合に欠席であり、それほどに「渋沢青淵翁の病気がよくございません」と挨拶していた。ちょうど日露開戦直後のことであり、国内には緊迫した雰囲気が漂っており、前回の大患が日清戦争、今回は日露戦争であったことから、阪谷は栄一の病気と戦争との因縁のような関係に思いをはせた講話を行っている（青淵回顧録、上、七一四〜七二二頁）。

これより先、同年二月に飛鳥山邸では病床の栄一の枕元に親族が集められ、栄一は飛鳥山邸を売却することや、養育院等への寄付など、栄一がもし死去した場合にとるべき方策を指示した。同時に、親族の宥和、とりわけ子どもたちが協力して篤二を助けるようにと「遺言」のように語りかけていたから（伝記資料、29、三一九頁）、その時同席していた阪谷も、これを思い起こしながら、悲痛な思いで講話を続けていたものと思われる。

幸いにも懸命な治療によって肺炎を克服することができたのは、発熱による病床についてから数えると一年近くたった一九〇四年八月のことであった。この経験に鑑み、栄一は、「大患後私は休養の必要を感じ、それが為に私の関係事業を減省《ママ》しようと思った。当時私の関係事業は八十余種もあって、その約半数を辞任したのである」と語っている（青淵回顧録、上、七二二頁、詳細後述）。

2　活動の場が広がる

東京商法会議所から東京商工会へ

大病を克服したのちに辞任した役職のなかで、とくに「世間に意外の衝動」を与えたのが東京商業会議所の会頭辞任であった。この東京商業会議所設立は、一八七七（明治一〇）年に大隈重信から商法会議所設立の相談を持ちかけられたことをきっかけとしている。大隈は明治維新政府の懸案であった幕末の不平等条約の改正に取り組んでいたが、英国公使のパークスから日本には世論がないと反論され、実業界の意見をまとめ世論形成の有力な手段とすることを考えていた（事典、六三頁）。パークスは、「日本に世論があるか、商人が申立てると云うけれども何によって云わるるのか、日本に多数の集合協議する仕組がないではないか、個々銘々の違った申出では世論ではない」と大隈に指摘したという（伝記資料、17、一三頁、原典は、『竜門雑誌』四五一号）。

栄一は、米倉一平、竹中邦香、渋沢喜作、大倉喜八郎、三野村利助、福地源一郎、益田孝と連名で一八七七年一二月末に「商法会議所設立之儀願書」を東京府経由で提出した。その結果、七八年三月に政府の許可を得て、東京商法会議所が設立された。これは、「英国の会議所を模範として、会頭・評議員などの役員を定め、主として税目のことなどを協議し、その経費の徴収は規則で定めず、持寄りの寄付の形式」としたという。商法会議所では、内国貿易、外国貿易、運輸船舶の三部を置き、その後、工業並びに農業の二部を加え、それぞれ会員中から委員を選挙して分担して調査・研究に当たった（青淵回顧録、上、四二二頁）。その活動について、栄一は、しばらくすると「用がないものと云う風になり、政府の方でも、さして重要の機関として取扱」わなくなり、会員が銀行業者などに偏っていることなども問題視されることになったと、後日、語っている（伝記資料、17、一三頁）。

しかし、東京商法会議所は、政府の諮問に答えた各種調査や「商況報告」の作成など経済状態の把握、公表に努めるとともに、その時々の必要に応じて政府に建議して制度的な問題の改善に努めていた。いくつかの実例をあげると

一八七九年　二月「各商同業組合設立の建議」、
　　　　　　九月「貸借訴訟規則改正問題に関する建白」、
同　　　　　　　「条約改正に関する建言」、
同　　　　　　　「関税改正に関する建議」、
一八八〇年　六月「金貨変動の抑制策に関する建議」、
　　　　　　一一月「職工条例問題に関する建議」、
一八八一年　六月「商標条例制定を求める建議」、
同　　　　　　　「不換紙幣整理の必要に関する建言」

実業寺本尊　千手観世音菩薩

などがあった（伝記資料、17による）。

こうしたなかで、一八八一年に農商工諮問会規則が制定された関係で、それまで東京商法会議所に下付されていた補助金の廃止だけでなく、商法会議所の存続そのものが問題となった（青淵回顧録、上、四二二頁）。これに対して、栄一は、商法会議所の運営に力を貸してきた有力者たちを誘って諮問会規則の改正を求めて強く政府に働きかけた。その結果、翌八二年五月に同規則が廃止され、

「各地方の便宜に従って勧業諮問会並びに勧業委員を設置」することに改められた。これを受けて栄一は、新制度に基づいて東京府下一五区連合商工会を設立することにして組織化を進め、八三年には東京商工会が設立された。東京商工会の設立と同時に東京商法会議所は解散し、実質的に会議所の活動は新組織に継承された。

東京商工会の設立に際して栄一は、荘田平五郎、益田克徳、柴崎守三、渡辺治右衛門《じえもん》、梅浦精一とともに創立委員となり（伝記資料、18、一六頁）、会則などの制定に関わったが、会員組織としては、各商工組合から大小に応じて一人ないし数人の代表人を選出し、重要な企業もその規模に応じて適当な人員を選出することとなった（青淵回顧録、上、四二五頁）。設立直後の一八八三年一二月に東京商工会に対して農商務卿から①東京府下の商況に関する統計報告を作成すること、②工業における雇主と被傭者の関係についての取締法について、③同業組合組織のあり方についてなどの諮問を受けて直ちにこれに対応するため意見をとりまとめた。

これも含めて、東京商工会が政府の諮問に答えた意見としては、次のようなものがあった。

一八八四年　五月「傭主被傭者間の取締に関する諮問」、
同　　　　　　「同業組合取締規則に関する諮問」、
一八八五年　一月「商品荷造に関する諮問」、
　　　　　　七月「搾粕製造改良に関する諮問」、

一八八六年　三月「不景気に対する諮問」、
　　　　　　七月「海関税に関する諮問」、
一八八八年　三月「屋号専用に関する諮問」

このうち、海関税関係の諮問は英国公使からのもので、東京商工会の活動が実業界の意見を知るうえで有効であることが外国公館にも認知されるようになっていた。また、東京商工会の重要建議としては次のようなものがあった。

一八八四年　五月「同業組合の設立を要する件」（農商務卿）、
同　　　　「売掛金出訴期限の改正を要する件」（農商務卿）、
　　　　　　八月「銅貨流通高の減縮を要する件」（大蔵卿）、
同　　　　「営業品の見本に関し郵便取扱方の改正を要する件」（駅逓総官）、
　　　　　　九月「質屋取締条例に改正を要する件」（内務卿）、
一八八六年一〇月「条約改正の件」（外務大臣）、
　　　　　一一月「刑法並に其附則に改正を要する件」（司法大臣）、
同　　　　「航海上取締法の件」（外務逓信両大臣）、
一八八七年　五月「証券印税規則に改正を要する件」（内務大臣）、

一八八八年一二月「市区改正実施方法」（内務大臣）、
一八九〇年　四月「鉄道用地収用の件」（内閣総理大臣）、
五月「清酒特別税の件」（東京府知事）、
八月「商業会議所条例の制定を要する件」（農商務大臣）、
同　「商法施行延期の件」（司法大臣）、
一二月「商法施行延期の件」（貴族衆議両議院）

（伝記資料、19、五一九～五二〇頁）

東京商工会議所の財政意見

その後、一八九〇（明治二三）年に商業会議所条例が制定されて、東京商工会は東京商業会議所に改組された。この条例制定について、益田孝は「法律はない方がよい」と主張し、栄一も同意見であったが、各地に設立されていた商業会議所が法制定を望んだために、法令に基づく組織に改められた（伝記資料、17、一四頁）。栄一は、設立発起人の代表として東京商業会議所設立の中心となり、会頭となるとともに理財部長に選ばれた（九三年四月からは商業部長）。

東京商業会議所は、租税制度を中心とする財政問題、対外貿易の促進策、会社制度などの法制度の整備などに、その都度、意見をまとめて政府に建議した（以下の東京商工会議所の活動については、伝記資料18～21巻による）。

いくつかの重要建議を示すと、まず、財政問題では、一八九六年三月に営業税法の公布に対して、直ちにその改正のために意見を臨時商業会議所連合会に提出し、さらに翌九七年一二月には、連合会が同法全廃を決議したのを受けて、栄一は中野武営《たけなか》とともに農商務大臣を訪れて、その趣旨を申し入れた。さらに栄一は、「現行営業税法は煩雑にして商工業の発達を阻害」するとして、同年末には松方正義蔵相、山田信義農商務相、近衛篤麿《あつまろ》貴族院議長、片岡健吉衆議院議長に請願した。さらにその翌日には、一八九六年度以降「急激なる軍備拡張の為め政費膨脹し、遂には財政の基礎を危くし商工業を萎縮せしめるに至らんとする虞れある」として「財政を整理」することを松方首相兼蔵相などに建議した（伝記資料、21、二八六〜二八七頁）。それにもかかわらず営業税は実施されたが、東京商業会議所は、その後も課税標準の適正化など税制の改善に努めた。また、税制の刷新を求めて、九七年から九八年に地税（地租）の増徴をもとめるなど財源の充実を求めた。

これらは大蔵省時代に栄一が「入るを量って出るを為す」と主張したことに通底するものであった。当時の新聞に掲載された栄一の談話では、「経済家としての私は軍事費を減らし、生産的に使う分が多いことを望む」と表明し、財政膨張が軍備拡張に傾斜して進行することにとりわけ警戒的であった（見城、七七頁）。少し遡るが、九五年八月に『読売新聞』において栄一は、「戦後経済談」と題する談話を公表し、清国からの賠償金の使途などについて注文を付け、軍備拡張が財政膨張につながる危険を指摘するとともに、賠償金による整埋公債・軍事公債の償還が過度な通貨供給による物価騰貴につながることがないように、慎重な財政運営を求めていた（伝記資料、別6、二六八〜二七四頁）。それは、石井寛治が指摘するように、「日本が『軍事大国』化してアジア大陸に軍事的膨張を行うことを断念せよと主張」するものであり、「真正面からの政府批判」が込められていた（石井C、八六頁）。同年九月に開かれた商業会議所連合会では、賠償金の使途を軍備に充てれば将来増税となることは必至として、商工業者に注意を促し、独自の意見をまとめて建議することを決議した（島田A、三四六頁）。

その後、日露戦後にも栄一は、改めて軍備拡張が大規模に計画されていることを批判し、「無制限なる軍備の拡張は必ず生産事業の荒廃を意味する」として、必要なのは「国民の生産能力を破壊し滅殺しない程度の軍備」であると指摘している（見城、九四頁）。このように軍拡主導の財政膨張に反対し、民間事業の力を蓄えることを優先する考え方は、栄一の財政・税制に関する主張に一貫したものであった。

この栄一の考え方は、一九〇二年の欧米視察に際して、パリにおいてクリディ・リヨネ銀行主任のジェルマンから受けた助言と共鳴するものであった。ジェルマンは、「日本の経済界が進んで居ることは世界に隠れもない事実であるが、併し財政の事に至っては実に驚かざるを得ない。先づ日清戦争後支那から得た償金其他の五億円と云う大金を、僅々数年間に使って仕舞ったらしいが、もちろん金高の多少もあろうし、年月の長短もあろうが、ヨーロッパ各国どこでもこれ程に短い間に、これほどの金額を使って仕舞ったものはほとんどあるまい」と日本の財政運営への批判を率直に伝えていた（鹿島、下、一一一頁）。海外の識者からみても日本は、経済運営で危険な橋を渡ろうとしているように捉えられていた。こうした批判も踏まえて、栄一は軍備拡張を基軸に財政膨張を続ける日本政府の財政政策に批判的な意見を繰り返し表明したが、その意見は容易に政府には届かなかった。

このほか東京商業会議所の関係では、東京市が一八九七年に企図した会社税の設定に反対し、さらにその代案として提案された銀行税・取引所税への反対を、栄一は会頭として東京市に申し入れた。商工業の発展には過大な租税負担が制約となると考えていたからであったが、そうした方針は、九八年の所得税法改正に伴う公債利子課税への反対などにも貫かれた。その後、一九〇〇年六月には「民間資金の充実を計る為め内国債一億円を三年内に償還せんことを希望する」ことを政府首脳に建議し、翌〇一年二月には「外債を募集して内国公債を償還し、又私設鉄道を買収し並に幣制を改革」することを建議している。

東京商業会議所の産業振興意見

次に対外貿易に関しては、一八九一（明治二四）年一二月に栄一は、会頭として輸出税の全廃を政府首脳に請願し、九二年には大日本紡績連合会の提議に基づいて綿糸棉花輸出入税免除を松方正義蔵相、河野敏鎌農商務相に建議した。この二つの建議内容は、九三年にも繰り返されており、輸出拡大を制約するような不合理な制度の改正に栄一を中心とする東京商業会議所は積極的な取り組みを続けた（綿糸輸出税の免除は九四年、棉花輸入税廃止は九六年に実現）。

このほか東京商工会議所は、鉱業条例の修正問題（一八九二年九月）、商業会議所条例改正問題（九三年一一月）、商法の修正問題（九五年）、商法中の検査役規程導入問題（九八年一二月）、海運拡張策（九五年八月）、国立銀行の満期問題（同年一〇月）、会社合併法制の導入問題（九六年九月、九七年六月）などについての意見を建議した。

また、前述の日清戦後経営に関連して、一八九五年一二月には栄一は賠償金の使途について軍備などの財政拡張に反対する旨を再度表明するとともに、「政府は宜しく工業の発達を助成すべし予は直接の保助《ママ》を政府に望まざるも、政府の如何なる工業にむかっても出来得る限り間接の保助を与えてその発達を奨励せざるべからず」と産業発展に資するような政策展開を求めた。直接的な保護政策の提案ではなかったが、産業発展に対する政府の役割に注意を喚起するというものであり、ここには、関税撤廃などによる産業助成だけではない、新しい政策的な関与が必要という限りで、政府から自立した実業の発展を追求する経済的自由主義とは一線を画すような栄一の態度が表出していた（島田A、三四六頁）。これに関連して、島田昌和は、栄一の経済政策に関する考え方が、一九〇〇年代にはいると、「小さな政府、自由競争原理の貫徹といった古典的な自由主義経済から輸入防圧、国内産業育成といった国家による産業保護政策を認める立場に変化した」と評価している（島田A、三六五頁）。「直接的の保助は望まざる」という言葉から考えると、「産業保護」とまで言い切れるかどうかは疑問の余地があるが、産業発展に必要なインフラ整備などに政府が果たす役割について栄一も必要性を認めるようになっていたということはできる（坂本慎一、八八〜八九頁）。

一八九五年一二月には、栄一は株式会社の増資問題について、「成る可く各社の自営に任するの方針を採用」するように伊藤博文首相に建議していた。政府の介入を極力小さくすることは、一八九〇年代までは、栄一を中心とした実業界の主流の考え方であったが、それは転換しつつあった。

その意味では、栄一は、同時代の田口卯吉のような経済的自由主義一辺倒であったわけではなかった。一九〇一年には「保護貿易主義の必要を論ず」と題する講演を行い、従来からの考え方を修正して必要に応じて国内の事業を保護することも政策的には重視されるべきだと主張している（見城、六四頁）。この主張は、〇三年七月に栄一が会頭として、「保護政策を確立して工業の発達を図」るとの建議をしたことにも表明されていた。一九〇〇年代に入って栄一は、経済状況の変容に伴う政府と民間の関係を変える必要性を感じていたということができよう。

このほか一八九七年一月には、栄一は会頭として「日清両国間貿易事業拡張の為め、清国に於ける本邦金融機関を整備」するよう大蔵・外務・農商務三大臣に建議した。また、同年五月にはアメリカの関税改正について「日本の貿易を阻害する」との理由で反対するように外務兼農商務大臣の大隈重信に建議するとともに、駐米日本公使・米国大統領・ニューヨーク商業会議所・米国上院外国関係事項調査委員長などにそれぞれ反対の旨電文を送った。このほか、九八年一二月には「外国商業実修補助費」を新設し、「毎年実修生五十名を派遣し継続十年総員五百名を養成する目的を以て、一カ年十五万円宛を支出」する予算措置を政府に建議した。

鉄道に関しては、一八九一年一二月に「東京銀行集会所より私設鉄道買収に関し建議」があったのを受けて、東京商業会議所は栄一ほか九名の委員によって審議した結果、これについて貴衆両議院に対する請願を行った。九五年には中野武営が提案した「私設鉄道条例修正」を検討し、これを臨時会議で承認した。また、九六年一一月には栄一は、「鉄道企業の出願に対する監督官庁の許否決定」を速やかに行うように政府に求めた。翌九六年一一月には広軌鉄道の速やかな採用を逓信大臣に建議したほか、九一年一二月には鉄道国有化に関して東京・大阪・神戸・京都四商業会議所の委嘱に基づいて会頭として栄一は、その実行方法等について桂太郎首相ほか重要閣僚に建議した。この鉄道業については、景況の変化に左右されながらしばしば鉄道の国有化が関係者から提起されてきていた。これに対して栄一は、たとえば九八年八月には「株屋連中は随分熱心であろうが、私は官有論には全く反対である」と批判的であったという（島田C、六六頁）。栄一は、資本不足については、外資を導入することを推奨し、そのための制度的条件として鉄道抵当法の制定を求めていた。この要求は、一九〇五年に同法が制定されて実現したが、政府は同時に鉄道国有化を推進して栄一の考えに反する方向に鉄道政策が進められることになった。

政治との距離

一八九九（明治三二）年一月には、衆議院議員選挙法改正案について「商工業者より選出する代議士を多からしめんこと」を期した改正を政府に求め、さらに同年一二月には選挙法の改正について、「市を独立の選挙区と為し、郡市人口の割合に差等を設けんこと」など都市商工業者の代表者選出の拡充を要望した。こうした形で、実業界は、議会を通して民主的に政策決定に関与しうる道を探っていた。

ただし、栄一は直接的に政党活動に関与することには慎重であった。その点については、一九〇〇年九月に伊藤博文が立憲政友会を結成する際に参加を求めたにもかかわらず、栄一は党員となることについては、「実業家である自身が、人の先に立って政治運動することはしない」と断っている。また、〇一年には次の首相候補となった井上馨が「渋沢が蔵相を引き受けたら組閣する」という条件を伊藤博文、山県有朋に提示したことがあった。しかし、この時も栄一は大蔵大臣就任を固辞し、そのため、井上内閣は幻となった。

明治前半期のように栄一などが個人的な関係で政府首脳に働きかけ、必要な制度の整備を求める経路は依然として有効ではあったが、議会制度が機能しはじめた明治半ば以降には、そうした体制の変化に東京商業会議所も対応して、実業界の意見の反映の経路を拡張する必要があった。時代の変化は、日清戦争後の条約改正によって「内地雑居」、つまり外国人の国内での経済活動の自由化などにも現れていた。「雑居」に対する慎重論が強いなかで、栄一は内地雑居問題に関して問われた際に、工業化の先頭を切っている綿糸紡績業を例に出して、日本の紡績業はすでに輸出産業化していること、それゆえ外国人がもし新事業を興すのであれば、輸出先の清国の上海などに作る方が合理的であり、その方が賃金も安いことなどを指摘し、外国人が日本に進出して工業経営に従事する可能性は低いと自信をのぞかせていた（武田A、四三頁）。そうした栄一の考え方もあって、東京商業会議所は、一九〇〇年三月には商業会議所連合会が決議した外国人の土地所有権および鉱山開掘権について、積極的な意見をまとめ公表した。この点については、一九〇一年九月に栄一は、桂太郎首相など対して外国人の土地所有権、鉱業権を認めて外資導入の道を開くように陳情した。こうして、一九〇〇年代には外国人の経済活動の自由を認めた制度改正が進展した。

時代の変化を象徴する問題のもう一つは、東京商工会からの検討課題にもなっていた労働者の処遇問題であった。これについて東京商業会議所では、一八九六年一二月から「職工の保護及び取締の件」について調査を続けており、他方で農商務省でも工場法案が検討されていた。この問題は農商工高等官会議などでも議論され、栄一はこの会議に参加しており、さらに一九〇三年にも農商務省が工場法の制定を企図して、東京商業会議所に意見を求めてきた際にも、栄一は、調査委員長として意見をまとめ答申している。この時、栄一は「資本家の側を代表して政府側委員の添田寿一の指摘する紡績工場の劣悪なる労働条件にいちいち反論し、欧米の工場法を丸写しにしたような法律を制定し工場を規制することには強く反対した。理由は時期尚早の一点につきる」と伝えられている（鹿島、下、二四四頁）。しかし、この問題について栄一にはあまり記憶がなく、この面での関与は小さかったようであった（伝記資料、別5、五六九頁）。第一次世界大戦後に協調会の組織化に尽力したころの栄一とは、この時期の関心のありようが異なっていたということであろう。

この農商工高等官会議だけでなく、栄一は実業界を代表して政府の重要な政策審議の場にも委員として参加しているが、その中で栄一の印象に残っているのは貨幣制度調査会における金本位制採用に関わる議論であった。この調査会では一八九七年に成立することになる日本の金本位制度に関連した議論が重ねられていた。松方正義など政府首脳部は、外資の導入に有利な金本位制を採用するとの方針を固めていたようであった。これに対して調査会では栄一をはじめとして実業界からは、それまでの銀本位制度を維持することを前提に通貨制度を整備するという意見が強く主張された。ちなみに、栄一の女婿である阪谷芳郎は大蔵省にあって、金本位制を推進する立場であった。松方の発想には強固な通貨制度が必要だという信念と「脱亜入欧」の発想があって、当面の経済情勢に対する配慮は十分ではなかったといわれている。これに対して、それまでの銀本位制の方が輸出拡大にとって有利であるなどの事情があって、経済界の大勢に沿って栄一も銀本位制を支持していた。

それに加えて栄一は、軍備拡張によって大幅な輸入超過が生じ、正貨準備が短期間に流出する懸念があることを指摘し、金本位制採用は、これを補うための外債募集に好都合という政府の主張に対しても「外債募集によって、財政放漫」になることを警戒していた（見城、八一頁）。栄一の言葉によれば、「今回の金本位を採用せんとするの真意は公債に依りて今の財政計画を完成せんとするにあるが如くなれども、若し特にこれが為に現行の貨幣制度を改正するが如き要あるに就いては、これと共に後患を貽すに就いても大いに考うる要あるを知るなり」というわけであった（島田A、三四九頁）。栄一は通貨制度改革という名の下に政府が実行しようとしているのは軍備拡張を主とする財政膨張であると喝破していた。しかし、政府の金本位制採用の方針は覆ることはなかった。この時のことを栄一は後に金本位制採用が選択としては正しかったと述懐しているが、たとえば、日露戦後に表面化する財政状態の悪化、財源を巡る陸海軍の対立に起因する大正政変などを考えると、栄一の心配にも理があったというべきだろう。

念のために繰り返しておくと、栄一は外資導入に反対していたわけではなく、前述の「内地雑居」問題でも明白なように、外国からの投資を容認する立場に立ち、すでにふれたように鉄道国有化論に対しては外資導入による資本充実を図ることを主張し、南満州鉄道の設立に関連しても政府の方針に反対して外国人投資家の参加に積極的であった。栄一が問題にしたのは、外債募集によって政府が財源を確保して財政膨張を続けることが健全な経済発展には望ましくないという点であった。しかし、こうした栄一の主張は政府の方針を変えることはできなかった。

以上のように東京商法会議所から東京商工会、東京商工会議所と組織的変遷を辿るなかで、栄一は一八七八年から一九〇五年まで二七年間会頭を務め、実業界の地位向上に尽力し、その時々の政策課題に対する実業界の意見をとりまとめ、その反映に努めた。営業税法の改正など簡単には要望が実現しないことも多かったが、そうしたなかで栄一は「元来商工業と申すものは、至って平凡なもの」ではあるが、「これが相集まった力は、随分強いものと申してもよろしいかと考えられます」と述べて、商工業者の力を集めて、その主張の実現に努めることの有効性を説き、組織化に努めた（見城、七九頁）。その主張の根底には経済的な資源を政府が軍備などに浪費することを抑え、民業の発展のために使うことができるようにすること、これを通して民業の地位向上を実現したいという栄一の思いがあった。御用金と称して農民や商人たちから力尽くで富を取り上げることに反発した若いころの志が生き続けていたと言ってもよい。そうした意図をもつ活動によって、栄一をこの時代の実業界を代表するリーダーとしての地位に名実ともに就けることになった。

大韓民国に進出した第一銀行

目を国外に向けると、栄一が頭取として指揮する第一（国立）銀行は、国内取引だけでなく朝鮮を中心にしたアジアでの活動を通して、日本の対外政策にも深く関与することになった。一八七六（明治九）年には清国が借款を申し込んできたことに対応して、政府は第一国立銀行を窓口として交渉を行った。銀行としても海外発展の好機ととらえ、栄一は、同年九月に大隈重信大蔵卿に建議し、貸付金の原資として華族の金禄公債を抵当に銀行紙幣を発行する方法で三井銀行と共同して紙幣発行と通貨交換に当たることを提案した（第一銀行史、上、四〇六〜四一二頁）。これに対して、政府は三井銀行の代わりに三井物産を指定して二社で事務を取り扱う方向で交渉に当たるよう指示があった。この方針に沿った交渉によって一度は契約が成立したものの、最終的には二万五〇〇〇両の賠償金で契約は解除され、清国への進出計画は断念された。

他方で、すでにふれたように第一国立銀行は一八七八年に朝鮮・釜山に支店を設けたが、その金融業務は、荷為替業務を中心に貿易取引の円滑化を推進するためのものであった。朝鮮における営業では、その後、八〇年に元山津の開港に対応して出張所が置かれ、日韓貿易の発展を促すことになった（第一銀行史、上、四一四〜四一七頁）。八三年には仁川の開港にともなって、税関業務の整備が必要になり、第一国立銀行釜山支店を利用する商人たちの便宜を考慮して一〇月には第一国立銀行と韓国政府が海関税取扱約条に基づいて、支店等において韓国税務司の指揮の下で第一国立銀行の預り手形で海関を収めることとなった。当初の約条は八六年に改められたが、海関収入は引き続き第一国立銀行支店が取扱い、さらに「韓国政府に於て資金の需要あるときは右関税を抵当として時々当行（第一国立銀行）より貸付を行った」（第一銀行史、上、五三五頁）。しかし、この間の朝鮮・韓国での営業成績は必ずしも芳しいものではなかった。好転するのは京城出張所を開設した一八八八年以降のことで、栄一が推進した低収益を改善するた

第一銀行券

めの施策の効果であったと評価されている（見城、一五〇頁）。

このように支店業務が発展した背景には、当時の朝鮮・韓国における通貨制度が不備で、鉄銭、銅銭、真鍮銭、銀貨、葉銭、紙幣等が混在し、通貨の交換に円滑を欠いていた事情があった。こうした状態を打開するために、一八九五年には韓国政府との特約に基づいて開港場で通用する銀行券を発行する役割を第一銀行支店（釜山、仁川両支店及び京城出張所、同出張所は一九〇三年に支店）が引き受けることになった。こうして近代的な金融制度、通貨制度の整備が遅れていた韓国において、第一銀行はその役割を代替することとなった。この時に発行されたのが、渋沢栄一の肖像のある第一銀行券であった。

第一銀行京城支店

その後、一九〇五年には、韓国財政改革に関連して、第一銀行は同国の「中央金融機関として貨幣整理及び国庫事務を引受け、貨幣整理資金として三百万円を貸付けるに当り海関税の収入をその抵当となし、引続き海関税の取扱に従事」することになった（第一銀行史、上、五三五頁）。一九〇五年に実質的な韓国の中央銀行としての役割を果たすことになった第一銀行の在韓国支店は、同行の全収益の四割に達するほどの好成績を挙げたといわれる（見城、一五一頁）。しかし、〇九年に韓国銀行が設立されることとなり、第一銀行の事務はこれに引き継がれ、永年培った事業基盤を手放すことを余儀なくされた。栄一は、この事情について「国家のためとあれば止むを得ぬこと」としつつ、「韓国銀行の利便を図ると共に、また第一銀行の株主の利益をも考えねばならぬ」と板挟みで苦労したと回想している（見城、一五一頁、原典は、『実業之世界』一九一〇年一〇月）。

京仁・京釜鉄道の建設

栄一は、韓国における鉄道建設にも深く関与していた。まず、一八九七（明治三〇）年にアメリカ人モールスから京城・仁川間の鉄道建設譲渡の打診を受けて、「国際上の関係から考えても、また民間の経済上からみても」（見城、一五四頁）、ぜひ実現したいと出資を呼びかけた。しかし、朝鮮への投資は「割に合わない仕事」と考える実業家が多く、思うように資金が集まらなかったために、栄一は大隈重信に説得を頼み、なんとか株主募集を達成した。こうした経緯を経て、京仁《けいじん》鉄道は一九〇〇年に開通した。他方で、京仁鉄道より早く一八九八年に計画が立ち上がっていた京釜《けいふ》鉄道についても栄一は創立発起人となっていた。これも資金の募集に難渋し、〇一年に着工したものの工事は遅延していた。そうしたなかで日露戦争が勃発し、京釜鉄道が軍事輸送路として重要であるとの認識から政府の要請で急ピッチで工事が実施されることになり、〇五年には全線開通した。このように朝鮮半島における幹線鉄道の建設に栄一は積極的な役割を、とりわけ資金募集において果たした。

これらの鉄道建設について、栄一は京仁鉄道の開通式において「実業的扶植をもって半島国を開発し、その実業上の関係を密接ならしめ、これが独立を擁護し、我邦の自衛を全うし、その間毫も韓国の独立を害すべき他の勢力の侵入し得る余地なからしむるよう奮闘協力をなし、韓国全土を挙げて我が利益線の圏内に置き、もって彼我の権益を保全すること、当今の一大急務なりと考えるなり」と、その意義を表明している（見城、一五五～一五六頁）。鉄道を通して経済開発することの重要性という点では、国内の鉄道業建設に助力した栄一の信念は、この朝鮮・韓国における鉄道建設でも貫かれていた。そして、それを通して韓国が独立することを期待するとともに、それが日本の国益につながるという視点も包み込まれていた。そうした主観的意図はともかく、「独立を害すべき他の勢力の侵入」を抑えたいという言葉には、日本人の進出が韓国民から見れば「侵入」に他ならないことに関する自覚に乏しかった。それ故に、栄一には「当時の韓国民に対する過小評価、韓国民の側に立った民族主義感情への理解や同情、もしくは配慮等が欠如」していた（片桐、二三二頁）。そのために栄一の韓国における経済活動が、日本による植民地化の地ならしをしたという評価を生む要因ともなった。

とはいえ、栄一が侵略主義者・植民地主義者というわけではなかったことは、栄一のために少し弁明しておく必要があろう。鉄道建設に際して、イタリア人の工事監督が「朝鮮人を牛馬の如くに虐待し、鞭をもって打つばかりでなく、ついには足蹴にする」状態を栄一は目の当たりにした。それは三〇年以上前に徳川昭武に随行して欧州に赴く途中に立ち寄った上海や香港などの港で現地の中国人が欧米人に牛馬のように酷使されていた姿を思い出させるものであり、イタリア人監督の所業には強い不快感を覚えた。そこで、栄一は、日本鉄道の技師足立太郎を工事責任者として招聘して工事を委ねる際に、「朝鮮人を使役するに、説得しあるいはやむを得ず叱責するも致方はない。しかし打擲《ちょうちゃく》することは断じてならぬ」と申し渡したという（見城、一五八頁、伝記資料、別5、二三六頁）。栄一は、韓国の人びととの経済的な観念が未成熟で、独立に要する経済的な発展に大きく後れをとっていると認識する一方で、人道的な視点では目線の高さを同じにすることの重要性も強く認識していた。

東京市養育院への支援

このような人道主義的な栄一の視点は、次章で物語るような実業界引退後の栄一の活動においてより際立っているが、それは明治のはじめから取り組んでいた社会活動においてすでに見出しうるものであった。子どものころの母の記憶と結びつけられる社会的弱者に対する分け隔てしない栄一の支援活動は、一八七二（明治五）年に東京市内の生活困窮者への救済・保護を目的とした東京市養育院への支援まで遡ることができる。

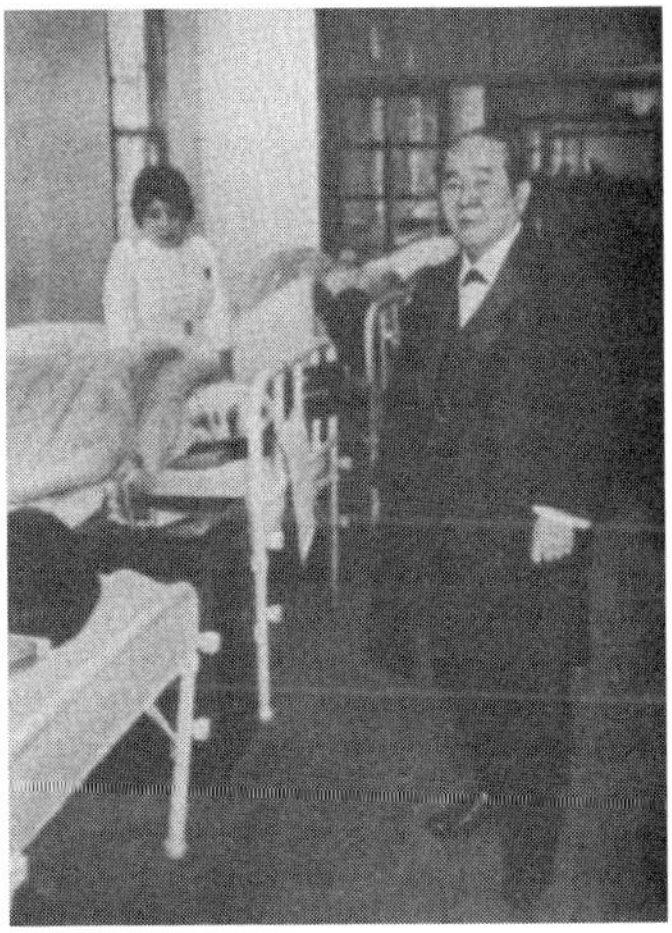

東京市養育院訪問時

東京市養育院は江戸町会所に積み立てられていた七分積金の残金を基金に創設された公的福祉施設であり、一八七二年八月に井上馨や東京府知事大久保一翁などによって設立された七分積金の管理運用のための民間機関として設立された東京営繕会議所（翌年東京会議所に改称）が、橋梁工事などの公共事業への支援も視野に入れて活動するなかで、重要な事業分野として窮民救済を位置づけたことに起源がある。これらの事業の管轄がその後、新設の東京商法会議所に委ねられたことから、会頭である栄一も運営に関わり続けることになった。もっとも、栄一は東京商法会議所設立より前の七四年から東京市養育院とは関わりがあり、その事務掌理に就任し、七六年からは院長となっていた。栄一は、終生、この院長職を務めた（事典、五八〜五九頁）。栄一は晩年になって「微力ではあるけれども、自ら手塩に掛けて育てた」と養育院の事業との関わりを語っている（青淵回顧録、上、四四九頁）。

養育院の経費は、一八七九年から東京市の地方税収から支弁されることになったが、八二年には東京府会において養育院の廃止論が持ち上がった（大谷、第2章参照）。廃止論者は、慈善事業は怠惰な人を作るというのであった（青淵回顧録、上、四五五〜四六一頁）。これに対して栄一は、府会議員を歴訪してその社会的な意義を力説し、ついに廃止を一度は阻止したが、翌八三年には再び廃止案が提案・可決されてしまった。

この無情な措置に対して、栄一はこの事業を廃止することはできないとして、止むを得ず収容者を減らして存続を図ることとし、東京府知事の芳川顕正《あきまさ》に対して、養育院が置かれていた土地の売却代金を養育院の基金として交付することを求めた。栄一は、もともと養育院は江戸時代から市民の財産をもって運営したきたものであるから、土地の売却代金は養育院に交付すべきであると主張したのである。これが認められ、養育院は約三万五〇〇〇円を交付され、これを基礎として寄付を集めて運営されることになった。寄付については、「養育院に対する同情者が意外に多く」、婦人慈善会が組織され、鹿鳴館や華族会館、歌舞伎座などで毎年バザーが開催されるなどの支援が集まった。この寄付集めは、フランス滞在中に経験した慈善バザーの仕組みに学んだものであり、鹿鳴館時代とよばれる雰囲気のなかで社交界に登場した貴婦人たちの強い力添えがあった。

こうして財務的な基礎を固めた養育院は、一八九〇年に市制改正の結果、市の事業として特別会計で運営されることに改められた。そのころになると、本所の本院が手狭と感じられるようになり、九三年に大塚辻町（現・文京区大塚）に本院は移転した。さらに一九〇〇年に安房勝山に設けた保育所は、〇九年には安房《あわ》方舟町に移転するなど、施設の拡充も順次進められた。この間、栄一は、安達憲忠、田中太郎、三好退蔵などを院の運営者に抜擢し、「このように信頼に足る人材を発掘して日常的な運営をかなりの程度その人達にまかせ、渋沢は基本方針を定め、大きな問題をこれらの人達や他の職員と議論し、養育院のさらなる展開のための計画を立て、資金を調達し、土地を購入し、実施への障碍を乗り越えるため強力にリーダーシップを発揮」しており、「経済界での渋沢の手法と軌を一に」した役割を果たしたと評価されている（大谷、一五七頁）。

その後、一九一三（大正二）年に入院患者数は二〇〇〇名を超えるほどとなり、手狭となった本院は二三年には板橋に移された。この本院移転は一四年には計画が着手されていたものの第一次世界大戦中の物価高騰や寄付募集難などがあって中断されたのち、一八年に田中太郎を幹事に据えて進捗をはかって二三年に実現したものであった。大塚の本院が関東大震災によって大破したため、「咄嗟に一千有余の収容者を僅か一日の中に板橋の新院に移送した」と田中は回想している（大谷、三八五頁、原資料は『竜門雑誌』五二〇号、一四二頁）。晩年の栄一は、多忙のなか月一回は、子どもたちに配る菓子を持って板橋本院を訪問し、入院者と時間の許す限り面談した伝えられている（事典、五九頁）。

3　実業から引退する

日露戦後の経済ブームまで、四〇年近くにわたって実業界で多面的な役割を果たし、多くの事業活動に支援を続けてきた栄一は、一九〇九（明治四二）年六月に数え年で七〇歳（古稀）を迎えたのを機会に実業界からの引退を宣言した。

日糖事件の処理

栄一のこの決断には、「日糖事件」と呼ばれた大日本製糖の経営混乱と政界を捲き込んだスキャンダルに関連して、栄一に対しても批判が沸騰したことが引き金となったと考えられている。大日本製糖は一九〇六年一一月に日本精糖と日本精製糖が合併して誕生した製糖業界の代表的企業であり、栄一は請われて相談役を務めていた。疑獄事件の背景は、同社の有力株主・重役が自らの金銭的な利得を求めて、政界工作を続けていたことがあった。

当時の国内製糖業に対して政府は、輸入原料糖戻税法による優遇措置をとっていた。しかし、この措置は期限付きのものであったことから、大日本製糖の重役たちは衆議院議員に対する買収工作によって優遇措置の延長を企て、あわせて四年の延長を実現した。さらに〇七年一一月に政府が計画した砂糖消費税の増税について、重役会は増税を見込んで原料糖の見越し輸入を行い、フル操業で製造に努め製品の在庫を積み増す一方で、製糖事業を「官営」にするよう政府に働きかけた。有力株主でもある重役たちは、官業として会社が高く買収されることを期待していた。この政界工作が問題視されるようになるなかで、経営の行き詰まりが顕在化し、重役陣の内紛と不正経理による株価操作が明るみに出るなど経営問題も深刻化した。

有力株主や重役がこうした行動をとることは、栄一が強調してきた合本主義の理念とは全く別物であったことはいうまでもない。乱脈を極めた重役会の経営責任について、一九〇八年一一月の株主総会における株主からの批判に対処し、事態の収拾のために相談役であった栄一は、瓜生震《うりゅうしん》を監査役に推薦して経営実態を精査することとした。この混乱は、株価の暴落を引き起こしたこともあって、大日本精糖成立時に栄一の推薦で農商務省農務局長を辞めて同社社長に就任していた酒匂常明《さこうつねあき》が〇九年一月に辞任し、栄一も相談役を辞任した。

その後、経営再建策の立案が混迷を続けるなかで、政界工作に絡む増収賄と会社不正経理で、酒匂前社長以下八名の重役陣と、二四人の代議士が検挙され、七月には代議士二三人に有罪の判決が下った。重役陣は微罪に止まったが、判決後、酒匂前社長が拳銃自殺した。なお、同社の経営再建役には、栄一の指名で藤原雷太が就任した。

事件の渦中の一九〇九年一月に『東京経済雑誌』は、「方今諸会社に於て重役として尊崇せらるる輩の如き、多くは株式市場に出入して、投機相場に成功せるものなり、故に彼等は一攫千金の機会さえあれば其の身の重役として他人の財産を保管し、重大の責任を有することの如きは之を忘却して突進するは制すべからざる所にして其の行為固《もと》より非難攻撃せざるべからず」と相場取引での短期的な利益追求に走る有力株主を批判しつつ、それを助長するような政府の政策的な措置の不備を指摘していた（伝記資料、11、三一〇〜三一一頁）。

栄一の実業界引退

日糖事件に関連して、当時の新聞・雑誌の論調は栄一に対する弁護と批判とに二分された（見城、九八〜一〇四頁）。『実業之世界』一九〇九（明治四二）年五月号では、大隈重信や後藤新平が栄一の功績を評価しながら、「義理人情を重視しすぎた」と擁護するなかで、共同火災社長の村上定が「人格の円満な」「誠心誠意の人」であるが、今回の失敗は「男爵未曾有の失敗」であり、「潔く実業界を退隠して、私生涯において、立派な生涯を送られたらよかろう」と書いていた。こうした諸氏の見解に対して、同誌で栄一自身は、「事業界に対する余の理想を披瀝して日糖問題の責任におよぶ」と題する弁明書を寄稿している。それによると、栄一は自らは「殿様重役、デモ重役、悪徳重役」とは異なり、経世済民を理想として、公私の別を明らかにして事業に臨んでいると主張した。その上で批判に対して次のように答えている。

私が世間の信用を濫用して、妄りに多くの営利事業に顔を出すというて、攻撃するものもあるようである……（しかし）たとえ不正なことがあっても、渋沢がどうかしてくれるだろうという依頼心を持つのは。その人の心得違いである。その心得違いを責めずに、ただ渋沢が悪いといって攻撃するのは、実に残忍な仕打と言わなければならぬ。……相談役くらいのものに、どんな些細な点まで分かると思うのか、べらぼうだ。それを自分の都合の好い時ばかり、引っ張り出して置いて、間違いが起ると、渋沢それ見ろという詰責する。大きなお世話だ、馬鹿をいうなと言いたくなる。

（見城、一〇二頁、伝記資料、11、三三七頁）

この寄稿で栄一は、「私は決して徒らに退隠するものではない」と書いていたが、それから一カ月ほどあとの一九〇九年六月に実業界の引退を宣言した。この時、栄一が役職辞任した主要な企業は、東京瓦斯、東京石川島造船所、東京人造肥料、帝国ホテル、東京製綱、東京帽子、日本煉瓦製造、磐城炭礦、大日本麦酒、日本郵船、東京海上保険、日本興業銀行、浅野セメント、中央製紙、明治製糖、品川白煉瓦、東洋硝子などであった。こうして栄一は、第一銀行頭取、東京貯蓄銀行取締役会長、帝国劇場取締役など七件と東京市養育院などの団体の役職の一部を除いて、それまで関与してきた有力事業からは退くことになった。栄一は、これまではともかく「最早十分に一人歩きができるようになった」と日本の経済社会の成熟を認め、「隠退すべき時機だと思った」と説明している（鹿島、下、一一八頁）。それは、栄一のような個人的な資質、個人を中核とする人的なネットワークに依存した経済活動の時代が終わりつつあることを意味し、その時代の転換を的確に捉えた判断であった。宮本又郎は、財界リーダーとしての栄一の役割について、明治の産業化の時代には、経済界や産業界に通有する問題が存在し、その解決には多大なコストがかかるばかりか、解決手段を市場では調達できないなどの条件があって、そうした時代に固有の条件が「栄一を必要としていた」と評価している。宮本の比喩的な表現を借りれば、それまでの日本の経済社会は、栄一の「見える手」が必要だった。そして、その時代状況は新しいステージに移りつつあった。

第六章　晩節を全うする

1　民間外交を推進する

引退したといっても、栄一の多面的な活動は、休むことなく続けられた。その重要な柱の一つが、民間外交の推進役となったことであった。これについては、主として片桐庸夫《のぶお》の研究によりながら栄一の足跡を追っていくことにしたい。

日米関係の改善に取り組む

引退直後の一九〇九（明治四二）年八月から五カ月にわたり、栄一は、米国の太平洋沿岸連合商業会議所名での招請に応じ、渡米実業団を率いて、シカゴ、ピッツバーグ、フィラデルフィア、ニューヨーク、ボストン、ワシントンを訪問し、政財界の有力者と懇談し、日米経済協力、とりわけ日米共同で中国の経済開発にあたることを提案し意見を交換した。

栄一が長期の海外旅行をしたのは、幕末のフランス随行を別にすると、一九〇二年に夫人同伴で欧米視察に赴き、アメリカではルーズベルト大統領と会見したほか、イギリス、ベルギー、ドイツ、フランス、イタリアを訪れた時に続き二回目であった。〇二年の欧米視察について栄一は「漫遊」と回顧しているが（青淵回顧録、上、六八五頁）、帰国後の『時事新報』に掲載された談話では、アメリカに対して「感服と云わんより、寧ろ恐怖の念を懐く」と語り、同国が「将来東洋に於いて、日本と事業上の衝突を起しはせぬか」との懸念を表明し、「将来東洋市場の商敵として最も恐るべき」国と語ったという（片桐、二八頁）。その後の経過を考えれば、栄一の慧眼を示すものであろう。

このような印象を栄一に与えた第一回の渡米とは異なり、第二回の渡米では重要な使命を帯びていた。それは、対立の様相を示す日米関係を改善する方途を探ることであった。

一九〇〇年代に入ってからアメリカ・カリフォルニア州を中心に日本人の移民が増加し、定住化が進むにつれて文化的な摩擦もあって日本人移民排斥問題が生じた。一九〇〇年に一万三〇〇〇人を記録した米国本土に入国した日本人の数は一九〇〇年代には毎年四〇〇〇人から九〇〇〇人を数えていた（渋沢雅英、一五二～一五三頁）。移民問題の背景には、日露戦争後に日本がロシアから関東州租借権を譲り受け、満州経営に乗り出したことが、中国に対する門戸開放・機会均等を基本原則とするアメリカの対アジア政策と対立するものであるために、対日不信が強まったからであった。当時のアメリカ大統領セオドア・ルーズベルトは、移民問題に関連して西海岸の排日機運を危惧し「日本人は嫉深く、敏感で、戦闘的だ。ひとたび彼らが太平洋の制海権を握ったならば、一夜にしてフィリピンとハワイをわれわれの手から奪い取るだろう」と警戒感を友人に漏らし、対日宥和を図ろうとしていた

（渋沢雅英、一五四頁）。この大統領の方針に対して、サンフランシスコの新聞では、「われわれの怒りは、いまや日本人に対してよりも、非愛国的大統領に向けられている」と批判していた（渋沢雅英、一五八頁）。そうした対立を含みながらも、移民問題に対する日本人の反発もあって、日米間には外交的な緊張が高まっていた。日露戦後のポーツマスにおける講和条約交渉に当たった小村寿太郎は、日米関係の改善のためには政府間レベルだけでなく民間レベルでも相互理解を深める必要を痛感し、その役割にふさわしい人物は、東京商業会議所会頭を長く務め、日本の実業界を代表するにふさわしい経歴をもつ渋沢栄一以外にはないと考えて、栄一に依頼することになった（片桐、四一～四三頁）。

依頼を受けた栄一は、その必要性を痛感してこれに積極的に取り組んだ。栄一の民間外交を研究した片桐庸夫は、一九〇六年一〇月にサンフランシスコで起きた日本人学童に対する公立学校就学拒否問題などについて、経済的に困窮する日本人移民の子弟が学費の安い公立学校に入学できないことを、ことさら心配したのではと推測している（片桐、四四～四五頁）。その反面で、一九〇九年に米国資本家のハリマンによる南満州鉄道買収計画が挫折するなかで、米国務長官が同鉄道の中立化案を提示したことに対して、栄一は「アメリカの政治家が如何に無遠慮であるか」と憤慨していた。栄一は南満州経営に関して満鉄に対する外資導入を支持するなど、アメリカの主張する門戸開放に理解を示していたが、その栄一ですら移民問題の推移は、日米対立の回避の道を探しあぐねる難しさがあった。

日米同志会の結成

栄一は、第二回の渡米を契機に米国経済界の知己を得て移民問題などについて日米両国の有識者の協議を行うこととし、元サンフランシスコ商業会議所会頭のW・M・ウォーレンスを日本に招聘するなどの両国間の対話に努めることになった。しかし、米国における排日の動きは沈静化せず、カリフォルニア州議会に日本人の土地所有を禁止する法案が提出されるなどの深刻化の度を深めた。これに対処して、栄一は中野武営東京商業会議所会頭、島田三郎衆議院議長などとともに一九一三（大正二）年四月に同法案の成立を阻止するために、高峰譲吉や浅野総一郎、大橋新太郎、添田寿一など実業家一〇〇人ほどを集めて日米同志会を組織し、会長の職に就いた。この組織は、はじめ「対米同志会」という名称を想定していたが、栄一が「穏当ではない」「できればアメリカ人も入会させたい」と反対して「日米同志会」となったものであった（渋沢雅英、二四八頁）。

日米同志会は、「カリフォルニア州議会に提出せられたる排日案（の成立）を防止し、日米両国間の和親を増進する」との目的に沿って四月下旬には、米国の通信社などメディアの参加も求めて意見交換を開催し、さらに添田など二名を米国に派遣した。しかし、法案は成立し、代表派遣も現地移民の動揺を抑えること以上には、期待した成果は生まなかった（片桐、五〇頁）。

その後、一九一五年にサンフランシスコにおいてパナマ運河開通ならびに太平洋発見四〇〇周年を記念して開催された万国博覧会について、栄一は大隈重信首相などの要請で出席を求められた。栄一は「実業家の代表」として渡米することを受諾した。渡米の送別会で栄一は、「自分は今は年齢の上に於いて風前の灯とも云うべき立場にあり、風前の灯たる自分としては敢て此行の労苦を厭うものにあらず、寧ろ老先き短き身を以て己が好む所に捧げ、その事が国家の為に幾分か裨益《ひえき》するありとせば、自分自身として欣喜《きんき》となす」とその決意を表明している（伝記資料、33、七頁）。

この栄一の意欲は、民間外交に大きな一歩を画するものとなった。サンフランシスコ商業会議所の招請を受けて行った栄一の講演に対して、同会議所内で米日関係委員会を組織していたアレキサンダーが「常設の機関を設けること」を提案したからであった。この提案は栄一の考えとも一致するものであったから、東京とサンフランシスコの双方で「同じ主旨と目的の委員会を設立し、相互に連携して日米両国民の意思疎通を図り、紛争が生じる場合には協同する」こととなり、一九一六年二月に日本では日米関係委員会を東京商業会所内に設置することとなった。委員会のメンバーは、日本銀行総裁三島弥太郎、横浜正金銀行頭取井上準之助、日本勧業銀行総裁志村源太郎、日本興業銀行総裁志立鉄次郎、枢密顧問官金子堅太郎、帝国鉄道院総裁添田寿一、衆議院議長島田三郎、東京帝国大学法科大学教授新渡戸《にとべ》稲造のほか、三井銀行常務早川千吉郎《せんきちろう》、三菱銀行部長串田万蔵、大倉組頭取大倉喜八郎など二三名であった（伝記資料、33、四五三頁）。

諸宗教の相互理解と協力のために組織された帰一協会に尽力した姉崎正治は、一連の問題に対する栄一の態度を「その事業を進める上に於て青淵先生の精神は、国際親和の大本を精神的親和に据えようとの大義に立っていた。……委員外で宣教師その他教会関係の人との接触は甚だ多く、移民問題が米国で教会の総会などで議題となり、又差別待遇撤廃が大体教会側の世論となっているのも、日米関係委員会を通じて、青淵先生の誠意が人を動かしたことが主要の原動力であった」と、その理念のうえで栄一の指導性を高く評価している（伝記資料、33、四五五頁）。

一九一七（大正六）年一一月に日米関係委員会のアサートン氏歓迎会が東京銀行倶楽部で開かれた際に栄一は、歓迎の辞を「凡そ国交の親善を求むるに、政治家・学者の力に依ると、実業側の力に依るとの二法あるが、之を人体に譬《たと》えれば、医師の必要なるは素よりなるも、而も人は平素の摂生に注意せざる可らざるが如く国交の親善を計らんと欲せば、時に政治家・学者の力を要すべしといえども、その日常に在りては遂に国民外交に依らざる可らざるなり。予は此意味に於て絶えず相当の力を尽す次第なる」と述べている（伝記資料、33、四七七頁）。

しかし、このような努力にもかかわらず、第一次世界大戦後には日米関係は対立の様相を深めた。大戦期に日本が山東半島のドイツ権益を獲得したことに抗議する中国民衆の五・四運動や朝鮮植民地における三・一独立運動の展開など、日本と東アジアの関係が緊張を増すなかで、すでにふれたように二〇世紀初頭にフィリピンを植民地化したアメリカは中国への関心を強めていた。こうした状況のなかでカリフォルニアを中心とする排日の動きが活発化し、日米関係改善のための協議の緊急性を高めたからであった。

東亜興業の設立

日米の親善のための栄一の活動は、中国問題への関心、とりわけ中国における経済開発に関わる活動と表裏の関係にあった。それは、日本の進出が侵略的であり、排他的であるとするアメリカの態度を憂慮し、中国問題を巡る日米の対立の予徴を感じていたからであった。

栄一は、中国が天然資源に恵まれながら経済発展に遅れをとっている状況を打開するためには、鉄道建設や資金供給の円滑化が不可欠と考えていた。こうした観点から、「経済に国境なく実業に南北なしという見地より、彼我両国民一般に遍く行き亘るべき、共同の資金を供給して、一方我が国の鞏固なる経済的基盤を作ると共に、支那の国富を増進せしむべき機関を創設する」ことを構想していた（片桐、一三一頁、原資料は『竜門雑誌』三〇六号、一九一三年、一四頁）。ちょうど三井物産や大倉組などが中国投資に関心を寄せていたこともあって、栄一は三井物産益田孝、大倉組大倉喜八郎、日本郵船近藤廉平《れんぺい》、日清汽船白岩龍平らとともに、一九〇七（明治四〇）年四月に日清起業調査会を設立した。同会は、中国の経済状況を調査し、鉄道借款や工事請負、資材供給等に関する交渉を進めることを目的とした（周、五六～五七頁）。

このような動きは、中国における政治的・経済的権益の拡大のために国策機関の設立を企図していた桂太郎内閣の後押しがあって、一九〇七年に準国策会社として設立された東亜興業によって実現の可能性が拓かれていった。しかし、同社の設立総代となった栄一は、「官府の慫慂《しょうよう》なくんば成立せざる日本人の企業心の乏しい」ことを感じて、内心では「やや心細き感なきに能わざる」と不満を抱いていた（片桐、一三五頁）。栄一の構想は、実業家の自発的な取り組みによって中国への投資が進展し、それによって相互理解が深まることを期待するものであったから、政府の関与による国策会社が政治的色彩を帯びることは望むことではなかった。

東亜興業は、三井、三菱、安田、大倉、古河などの有力実業家の出資によって設立されたが、当初の資本金は一〇〇万円に過ぎず、その後一九一七（大正六）年三月に三〇〇万円、一八年に一〇〇〇万円に増資されたとはいえ、株主の顔ぶれから見れば規模の小ささは否定すべくもなかった。たとえば、第一次世界大戦期の寺内正毅内閣が対中国投資として推進した「西原借款」が、鉄道建設や通信設備の建設を目的として一億四五〇〇万円を投入していたことと比べると、東亜興業の資本規模ではできることは限られていたであろう。そのため、同社による鉄道借款なども資金不足のために成果に乏しかった。加えて、対華二一カ条要求など第一次世界大戦期の強硬な対中国政策への反発もあり、東亜興業の業績は不振のままであった。

これに対して栄一の構想により近い形での対中国投資機関設立の計画も進められていた。それは、一九一三（大正二）年二月に中国興業（のちに中日実業）が、辛《しん》亥《がい》革命直後の孫文《そんぶん》が来日したのを機会に日中合弁で設立されたことであった。新中国建設のために実業の発展に意欲をみせた孫文に「我が意を得た」栄一は、公式行事の合間をぬって渋沢事務所において孫文、戴天仇《たいてんきゅう》、益田孝、山本条太郎などと話し合い、設立計画をまとめた。こうして栄一が主導して中国興業が設立された（片桐、一三九頁）。孫文と栄一の中日両国発起人総代によって発表された設立の主旨には、両国の結合を強め、提携の実を挙げ、経済的連鎖を密にするために、「中国に於ける富源を探求し、有利の事業を調査し、中日両国人の責務として之が実際的の解決を与えんとする」ことを宣言していた（片桐、一四一頁）。

しかし、中国革命の進展のなかで孫文が失脚し、南北の内戦が深刻化するなど中国情勢は流動的となり、中国興業の事業計画は困難に直面した。苦衷を訴えてきた孫文に栄一は、「なにとぞ心身を冷

中日実業の設立

静に持され、深謀遠慮……一個の『忍』の字を大切に守り、しずかに時機の至るを待たれたし」と自重を求める手紙を二度にわたり送っている（渋沢雅英、二六二〜二六三頁）。内乱の激化を避けることを第一に、栄一は、政治と経済を切り離し、経済活動を推進しようと考えていたが、袁世凱《えんせいがい》が優位に立つに及んで日中合弁事業を政治的に利用しようとする袁の態度とこれに同調しようとする日本政府に翻弄されることになった。

同社は一九一四年に中日実業と改称されたが、その年五月に栄一は中国訪問に旅立った（片桐、一四八頁）。栄一は、孔子廟への参拝を念願としていたから、それが訪中の第一の目的であったが、それにあわせて中日実業について、中国政財界の有力者と意見を交換することも重要な目的であったが、明確な打開策は見出せなかった。政治的な思惑が優先されていたためであった。

栄一は、北京滞在中に機会を捉えては自ら意図するところを説明した。たとえば、「吾人商人の真意は、決して領土の侵略、又は利権の獲得を目的とせず、ただ日支実業上の連絡によって、双方共に利益することを企図せるのみ、支那が富源に於いて天恵ある国なるは説くまでもなく、これを開拓して以て隆盛に赴くとせんか、日本も亦これに因りて利益するあるべく、かくして日支実業上の連絡も始めて鞏固なるに至るべし」というわけであった（周、一五一頁、原資料は、伝記資料、32、五四四頁）。しかし、これに対して中国の日刊紙『申報《しんぽう》』では、栄一の言葉を「誠実さにあふれた言」としながらも、「渋沢氏の言説はただ理想の言を弄するにすぎぬ」と指摘し、日本の満州経営がいったい中国にどのような利益を生んでいるのかと批判的な意見を表明していた（周、一五一頁）。この批判は、日本政府が一九一五年一月に対華二一カ条要求を突きつけたことによって中国の人びとにとっては現実のものとなった。栄一の「誠実な言葉」は、日本の侵略的な外交政策によって打ち消され、中国の人たちには届かなかった。

なお、この旅行中に栄一に付き添っていた水野幸吉公使館参事官が病死し、日を置かずして山座《やまざ》円次郎北京駐箚公使が急死するという予想外の事態に直面した。そのため、訪中の第一の目的であった孔子廟への参拝は、栄一の健康不安も考慮した馬越恭平など同行者の意見に従って中止され、栄一は、念願を遂げることなく帰国した（伝記資料、32、五五一～五五八頁）。

対中国政策の一新を求める

栄一は、対中国政策については「余一個の私見としては、先ず門戸開放、機会均等、領土保全を根本方針とし、東洋の盟主たる日本の地位と日支両国の歴史的地勢的関係とに鑑み、飽く迄善隣の誼を厚うし、之が指導啓発の任を怠らず、彼我の経済的提携を目的として進んだならばよいであろう」と考えていた（周、八八頁、伝記資料、別7、一八四頁）。そうした視点から、日本政府の高圧的な外交政策や蔑視をともなう中国観を批判していた。

たとえば、一九一五（大正四）年五月に大隈重信首相が対華二一カ条条約に関連して中国への最後通牒を発するため有力銀行家を官邸に集めて協力を要請した際には明確に大隈内閣の外交方針に反対した。この栄一の反対意見は、新聞を通して「外交は縁日商人的で掛値をいってはいかぬ、正直なところいわなくてはならない」（『万朝報《よろずちょうほう》』）と日本の外交のあり方への批判として報じられた。また、栄一は、少し後のことだが、一九二〇年二月には全国商業会議所連合大会の決議に基づいて設置された日貨排斥問題根本解決実行委員会の決議において日本の対中国政策を一新することを求めていた（片桐、一五三頁）。それ故、中国訪問からの帰国後に栄一は、「元来支那に対する外交は、根本から間違っているといわなければならぬ」と発言してはばからなかった（周、一六〇頁、伝記資料、32、五八三頁）。

栄一の生涯のなかではやや例外的であるが、このように第一次世界大戦期に栄一は、政府に対する批判的な考えを率直に語っていた。たとえば大隈内閣の後に成立した寺内正毅内閣については、「元老諸公が憲法を無視して、法治国家の何者なるか」と政党を基盤としない超然内閣の組閣を問題視する一方で、政党の堕落にも警告を発し、「政治は明らかに道徳でなければならない」にもかかわらず現実の政治は「大間違いをしている」と発言したりしていた（見城、九五～九六頁）。しかし、栄一と近代中国との関係を研究した周見が指摘しているように、大局的に見ると、栄一は日本の対中国政策の間違いを正すことに関しては、「政治上については門外漢」との態度で立ち入ることは少なく、「言行不一致」と批判される面をもっていた（周、九八頁）。

その後、第一次世界大戦のブームのなかで中国への投資熱が高まったこともあり、中日実業も事業を拡大し、桃冲《とうちゅう》鉱山の開発などに多額の資金を投入した。しかし、それも一時的なものであり、一九二二年には同社は破綻に瀕し、打開策を講じたものの効果が乏しかった。

一九二二年の日華実業協会総会において栄一は、議長として発言し、「日支間の国交を完全に維持するためには、どうしても駐留軍が居ると云うことは国交上不利益であろうと云う観念から」日本の軍事駐留をやめるべきだと政府に建議したことを報告している（伝記資料、55、一九〇頁）。こうして軍事的な圧力の緩和を求める一方、引き続き中国実業界の要人との交流を続けたが、中国国内の政治的混乱のなかで日本の対中国政策を変えることもできず、栄一の理想とする「政経分離」による日中共同事業による実業振興は成果を見ることはなかった。

2　渋沢同族株式会社の設立と完全引退

目を世界に向けて国民外交を推進する栄一であったが、この時期には家族のことで大きな問題を抱えていた。一九〇九（明治四二）年に実業界を引退して一年あまり後のこと、栄一は、嫡男篤二の廃嫡という、思いもかけない決断を下すことを迫られたからであった。

風流人渋沢篤二

篤二は一八七二年に生まれ、八六年には一四歳で竜門社を創設し、『竜門雑誌』を発刊して自ら執筆するだけでなく、渋沢家の書生たちにも発言の機会を与えるなど、才気煥発な若者であった。ただ、母千代が八二年に他界し、まもなく栄一が再婚したことから、篤二の世話は姉の歌子がもっぱら心を配ることになった。母に死別し、多忙な父に会う機会もままならなかったことに加えて、「宗家の跡取りに対する周囲からの期待感」という重圧から、篤二は自転車や乗馬などの趣味に時間を費やし（佐野、一三四頁）、心理的な葛藤の折り合いをつけていたようであった。

その篤二は、一八九二年、在学中の熊本第五中学校で不祥事（本人の弁によれば「大失策」）を起こして退学することとなり、しばらくは栄一の郷里血洗島で過ごした。その後九五年に結婚し、翌年には長男敬三が生まれた。栄一は、九七年に創立した渋沢倉庫の支配人に篤二を任命し、社会的責任を果たす大人の振る舞いをすることを期待した。社内での評判は悪くなかったが、篤二は仕事以上に義太夫、常磐津、清元、小唄、謡曲などの芸事に熱心で、多様な趣味に力を注ぎ、その腕前は「玄人はだし」であった。この特質は、栄一の父市郎右衛門にも見られるものであったという。また、写真にも興味をもち、一九〇八年には日本で初めて輸入されたコダック社の写真機を購入し、貴重な写真を残した。また、同じころには、国内でこれも珍しかった自動車を購入して家族をドライブに連れ出すなどの記録も残っている（佐野、一四二、一四五、一四九頁）。

渋沢篤二の廃嫡

多彩な風流人という一面をもつ篤二の最大の弱点は「女性問題」であった。姉の歌子は、父の栄一がこの点では模範を示せる存在ではないことを承知しながら、おなじことが「その子どもたるもの」に許されることではないと、品行を改めるように求めた。

栄一は、自ら「明眸皓歯《めいぼうこうし》（美しい女性）に関することを除いて、俯仰天地《ふぎょうてんち》に愧《は》じることはない」といってはばからず、終生、女性問題とは縁が切れない男だったといわれる（佐野、四三頁）。明治の前半期、福住町の自宅には大阪から連れ帰った「古き妾」が同居し、さらに日本橋浜町にも別宅があると『万朝報』に報じられたこともあった（鹿島、下、三八〇頁）。今では考えられないが、「妻妾《さいしょう》同居」だった。それゆえ、後妻の兼子は、「大人（栄一のこと）も『論語』とはうまいものを見つけなさった

栄一夫妻（大正15年）

よ。あれが『聖書』だったら、てんで守れっこないものね」と皮肉を込めて栄一を評していた（渋沢秀雄、三五五頁）。また、渋沢秀雄は「孔子は論語に『われ未だ徳を好むこと色を好むことが如くなる者を見ず』といっているが、父は少なくとも、色を好む程度に徳を好んだ人だったと思う」と書いている（渋沢秀雄、三五七頁）。

それ故、家族のなかでは栄一の所業については周知のことであり、それについては口を出せなくとも、篤二にそのまねだけはしてほしくないという思いが強かった。歌子は息子の穂積重遠に「お酒はのみなさるな。もしのむなら母の涙と思ってのみなされ」とよく言っていたというが（佐野、一九八頁）、それも栄一を反面教師にしての行動規範であっただろう。この規範に沿って歌子は、篤二に強く自重を求めていた。しかし、その願いは届くことはなく、一九一一（明治四四）年五月に日刊紙『日本』に篤二と新橋の芸者玉蝶との交際ぶりが面白おかしく報じられる事件が起きた。カメラや自動車などにお金を使うことなどはなんとか見逃せても、品行の問題が社会的な話題となったことは渋沢家の人たちを慌てさせたようであった。

一八九一年に制定された渋沢家の家法の第四六条には、「同族各家中品行修らざる者又は家財を浪費する者あるときは、准禁治産の請求を為すに至らざる場合と雖も同族会議は之に監督者を付し、品行の監督財産の管理を為さしむるを得」との規程があった（佐野、一二一頁）。同族の間でどのような議論があったのかについては、必ずしも明らかではない。歌子はしばしば栄一を訪ねて面談し穏便な処置を訴えたようであった。女婿の阪谷芳郎などの親族たちも慌ただしく動いたようで、たとえば阪谷は篤二に対してヨーロッパ外遊を提案したが、篤二は応じなかった（佐野、一五二〜一五三頁）。厳格な阪谷や穂積などは、この篤二の態度だけでなく、それまでの篤二の行状から渋沢家の相続人として不適格と考えるようになっていたのかもしれない。そうした状況のなかで栄一は重大な決断を下した。それができるのは、栄一以外にはなかった。

一九一二年一月に飛鳥山邸で開かれた同族会で、栄一はまず家法の冒頭部分を一族の前で朗読したのち、未成年の子どもたちを退席させてから遺言書の形で篤二を廃嫡する方針を明らかにした。さらに同年一一月に開かれた臨時同族会で、この方針が再確認された。その時の様子を歌子は、「篤二儀、昨春以来の不行跡に付、自分を始め親戚知友訓戒に諫言に百方手を尽くしたれども少しも反省せず。親に対し道理に対し反抗の態度を続け居るに付、今はやむを得ず相続廃除せんとするに付、同族の同意を求むる」と栄一が発言し、同族一同「涙ながらに同意」したと記している（佐野、一五六頁）。こうして翌一三（大正二）年一月に篤二の廃嫡申請が東京地裁

栄一と歌子

に出され、同月中に認められた。

この決定を篤二は素直に受け容れて、それ以前から居着かなかった三田綱町の屋敷には戻らずに白金に移り、玉蝶こと、糸という女性と遊戯三昧の余生を送ったと伝えられる（佐野、一六五頁）。この経緯について、篤二の長男であった敬三は、のちに「父には、穂積、阪谷、尾高などの重要な親類がありましたが、なかなかこの間に、今の言葉でいうと、父の争奪戦が、ごく明らさまでなしに行われておったらしいので、父はそれを厭ってついに逃避してしまいました」と語っている（鹿島、下、四七一頁）。

敬三の相続

篤二の廃嫡によって渋沢家の家督相続者を誰にするかという問題があわせて生じた。

栄一は、篤二廃嫡を同族会に諮る際に提示した遺言書において、すでに渋沢家は「敬三をして相続せしむる事」と明記し、これについても同族の同意を求めていた。この時、敬三は一六歳の高等師範付属中学に在学する中学生であった。利発で健康な子どもだったが、父篤二が家に寄りつかなくなってからは、ひどい不眠症にかかり、頻繁に体調を崩すようになっていた（佐野、一八一頁）。そうした状況のなかで廃嫡が正式決定した一三年一月から間もなく、学年末試験を受けた敬三は、十分な準備もできず、試験の途中で解答に詰まったまま「すすり泣き」していたという。このため、敬三はもう一年間中学に留まることになった。

一九一四（大正三）年に中学を卒業した敬三は、早稲田予備校を経て、同年七月に第二高等学校に入学した。その翌年の一五年一月に栄一は渋沢家家法を改正した。

家法の改正は、廃嫡に伴って必要になったもので、同族会の構成メンバーについて、「同族は皆同族会議員とす、但同族未成年者あるときは同族会議は同族中より其代表者を撰定し会議に列せしむ可し」としていたものを、「同族は同族各家の戸主を正員とし其他の同族を準員として之を組織す、正員中無能力者あるときは同族会は同族中より其代表者を選定し会議に列せしむるべし、但成年の女戸主に付ては此限に在らず」と改められた。廃嫡された篤二の代わりに篤二家を代表することになったのは、未成年の敬三に代わり篤二の妻敦子であったから、敬三が成人するまで敦子が女戸主として同族会に出席することになったものと推測される。同族の持ち分は、栄一の末子秀雄が成年に達したことから、宗家が一一分の五、残りの一一分の六を武之助、正雄、秀雄の三人の子どもと穂積家、阪谷家、明石家という三人の娘の嫁ぎ先に均等に配分された。この原則は旧家法と同趣旨だった。

渋沢家四代
（栄一・篤二・敬三・雅英）

この改正家法は一九一五年四月から実施されることになり、同時に渋沢家の資産は、渋沢同族株式会社を設立して管理されることになった。同社の社長には敬三が就いたが、同年七月には仙台の第二高等学校に入学したことから、実務は栄一の古くからの秘書で同社の専務取締役を任せられた八十島義親が代行した。

同族会社の社長だけであれば、敬三にとって自らの将来の夢を追うこともできたかもしれなかった。敬三は、子どものころから生物の観察などに強い関心をもち、将来は動物学などを専攻することを志望していた。ところが、栄一は、自らは第一銀行頭取の職を退くことを視野に入れながら、敬三が銀行業務に就くことを希望していた。長男篤二が気ままな生活を送ることには口を出すことは少なかったかに見える栄一は、このころになると子や孫の進路に自らの希望を率直に述べるようになっていた。たとえば、末子の秀雄はフランス文学に傾倒していたにもかかわらず、栄一の希望で帝国大学の法科に進み、入学後の転科希望に対しても、栄一は「今のまま法科を卒業して実業界で働いてもらいたい」、「これは命令ではない、儂《わし》が頼むのだ」と言ったと伝えられている（佐野、一八七頁）。

実業界で働いてもらいたいという態度は敬三に対してはより明確であった。敬三が新設の渋沢同族株式会社社長に就任したことは、その第一歩であった。こうした祖父の意向を察知していた敬三は、自らの志望を実現すべく、栄一を説得しようと試みた。栄一は敬三の希望に理解は示したものの、実業の重要性を説き、動物学は趣味としてやれば良いと応じたと伝えられている。

こうしたやりとりが半年ほど続き、敬三は、「その間、親戚を回って『与論喚起』につとめた」が結果は思わしくなく、最後は居住まいを正して「お頼みする」と頭を下げる栄一に押し切られた。その時のことを敬三は、「あれだけの人物から本気になって、ほんとうに頼むと言われると、ホロリとなっちゃう。それでしょうがありません。承知しましたと言ってから、不意に涙が出て困ったのを覚えて居る。すると祖父はホロリと涙を出した。母も泣いて呉れた。その時、弟の信雄も傍に居て僕に同情し、しきりとかみついて反抗していたのを覚えている。それで動物学というものは、死んだ子みたいな気になっちゃった」と回想している（渋沢敬三伝、七三四頁）。一九一六年、敬三が二〇歳のときであった。

進路の選択を許されなかった敬三は、第二高等学校から東京帝国大学経済学部に進み、卒業後は横浜正金銀行に勤めた後、第一銀行に入行した。第一銀行では順調にキャリアを積み上げて一九四一年に副頭取となったが、四二年には政府に請われて日本銀行副総裁から四四年に総裁となり、第二次世界大戦後には幣原《しではら》喜重郎内閣の大蔵大臣となった。祖父の希望通りとはいかなかったが、経済界の枢要なポストに就き、戦時・戦後の日本経済に重要な足跡を残した。この間、栄一の没後に病気療養のために訪れた静岡県内之浦で出会った漁民史料をきっかけに、敬三は民俗学の研究にも大きな貢献を残した。こうして敬三は、経済人と民俗学の学徒という二足のわらじを履いた生涯を送った（由井・武田参照）。

渋沢同族会社の設立

一九一五（大正四）年一月の家法改正後の四月に設立された渋沢同族株式会社は、「家族の生活を成るべく公平に且安全にする為には、僅少ながら私の一家の財産を共同に保持して、成るべく丈相協和して生計を営むようにしたい」という目的で設立されたものであった（島田B、一二二頁）。

有力な富豪たちが資産保全の目的で持株会社を設立するのは、第一次世界大戦期の流行のようなもので、節税目的の「法人成り」という側面があった。三井が一九〇九（明治四二）年に三井合名を資本金五〇〇〇万円で設立したのを皮切りに、一二年に安田保善社（合名会社、資本金一〇〇〇万円）に続いて一五（大正四）年に渋沢同族（株式会社、資本金三三〇万円）、一七年に三菱合資会社（資本金三〇〇〇万円）、古河合名会社（資本金二〇〇〇万円）、大倉組（合名会社、資本金一〇〇〇万円）、藤田組（合名会社、資本金六〇〇万円）などの設立があり、二一年には住友合資会社（資本金一億五〇〇〇万円）が設立されている。この前後にはほかに浅野同族、川崎総本店、山口合資、久原本店、鴻池合名などが同じように持株会社として設立された（武田晴人C、一三七頁）。みられるように三井や三菱などと比べると渋沢同族の資本金規模は小さかった。多くの持株会社が合名や合資の会社形態をとるなかで渋沢は例外的に株式会社制度を採用していた。栄一の信条に沿うものであったというべきだろう。

資本額が小さいとはいえ、財閥などの持株会社本社を除いて、株式保有額は相当の規模に達した。有力資産家の株式投資については、ダイヤモンド社が編纂した『全国株主要覧』一九一七年版に掲載されている「大株主中の大株主」の所有株式評価額と、同じ要覧の二〇年版から所有株数を知ることができる。その結果を示した表3によると、一七年の所有評価額に基づく「大株主」では渋沢同族は表掲中では上位一〇〇人中の二五位に位置していた。また、二〇年版の所有株数では、浅野同族、若尾民造に次ぐ株数であったから、栄一は多数の株式会社の設立に関与して株式を引き受けた結果、国内でもトップクラスの株式保有者となっていた（粕谷・武田参照）。

三井合名や三菱合資などのように傘下企業の「支配」や「統轄」を意図する本社組織ではなかったが、資産保全のための法人組織を作るには十分なほどの資産の蓄積があった。栄一は、「利益は一人

表3　同族の株式投資の規模

（万円，株）

	1917年版		1920年版	
	順　位	評価額	株　数	備　考
若尾民造	6	1,549	173,302	謹之助とその家族名義
渋沢同族	25	742	148,081	栄一名義を含む
浅野同族	31	651	245,902	同族会社147,341　他は個人名義
森村市左衛門	71	421	92,993	同族会社64,794　他は個人名義
大橋新太郎	122	275	77,617	家族名義を含む
渡辺甚吉	162	222	66,313	栄吉名義を含む
望月軍四郎	170	210	29,142	家族名義を含む
馬越恭平	193	181	29,481	家族名義を含む
西村直	260	147	20,204	同族会社5,990　他は個人名義
鈴木三郎助	—	—	38,950	三郎助及び忠治に家族名義を含む

出典）ダイヤモンド社編『全国株主要覧』1917年版，20年版。

で壟断《ろうだん》せず、衆人と共にその恩恵に均霑《きんてん》する」ことが「合本主義」の基本理念と主張しており、個人的な金儲けとは距離を置いていた（伝記資料、別6、一二三頁）。それ故、この資産規模でも自ら企図する経済活動、社会活動には十分と考えており、「私は正直に申すと三井、岩崎のようにならなかったことを幸福に思う」と晩年には回想している（大谷、三六六頁、原資料は『竜門雑誌』）。栄一は、「働きさえすれば何人にも相当の生活を営むことができる」と子どもたちに伝えながら、自ら金儲けを第一に行動することには否定的であり、「金は働きのカスだ。機械が運転しているとカスがたまるように、人間もよく働いていれば金がたまる」と述べていた（坂本、二三〇頁、渋沢秀雄、

表4　渋沢同族の株主

（株）

氏　名	血縁関係	1917年上期	1917年下期〜19年上期	1919年下期	1920年上期〜21年上期
渋沢栄一		1,000	1,000	1,000	1,000
穂積陳重	長女歌子の夫	300	300	450	450
阪谷芳郎	二女琴子の夫	300	300	450	450
渋沢武之助	二男	300	300	450	450
渋沢正雄	三男	300			
明石照男	三女愛子の夫	300	300	450	450
渋沢秀雄	四男	300	300	450	450
渋沢敬三	長男篤二の長男	300	600	1,400	1,300
尾高幸午郎	娘フミの夫の父	100	100	175	175
八十島親徳		100	100	175	
渡辺得男					100
増田明六					175
合　計		3,300	3,300	5,000	5,000

出典）粕谷誠・武田晴人「両大戦間の同族持株会社」『経済学論集』56巻1号，138頁，1990年。原資料は渋沢同族株式会社『決算報告書』。

三四九頁）。これが栄一の金銭感覚であり、それが渋沢家の資産の規模に反映していた。

渋沢同族の株主は、表4のように推移している。同族会の構成員に加えて、八十島などが株主に加わっているのは、役員として実際の運営を委ねるためであったとみることができる。それ以外は、家法に定めた持ち分に準じたものであった。

経営の規模は（表5）、払込資本金が設立時の三三〇万円から一九年下期に五〇〇万円、二六年下期に六二五万円に増加するとはいっても、第一次世界大戦期のブームのもとで、その経営拡大はゆっくりとしたものであった。有価証券を中心とする投資額は、一七

表5　渋沢同族株式会社貸借対照表

（1000円）

	有価証券	諸出資金	土地建物	貸付立替金	現預金	合　計	払込資本金	積立金	仮受・借入金	利益金
1917年上	5,184	222	164	139	304	6,013	3,300	225	2,115	373
下	5,785	212	162	140	0	6,300	3,300	375	2,202	422
1918年上	6,040	204	159	157	338	6,897	3,300	550	2,278	770
下	6,451	226	158	133	507	7,476	3,300	950	2,594	632
1919年上	7,089	226	157	150	477	8,099	3,300	1,200	2,886	713
下	7,845	157	1,222	165	434	9,822	5,000	1,500	2,692	630
1920年上	9,100	174	993	222	1	10,486	5,000	1,700	3,049	740
下	9,249	169	991	263	17	10,690	5,000	2,000	3,214	477
1921年上	8,824	172	991	308	125	10,419	5,000	2,050	2,870	499
1925年下	10,972	68	196	591	43	11,869	5,000	2,670	3,525	674
1926年下	11,300	14	223	792	30	12,359	6,250	1,970	3,481	657
1928年下	11,828	1	162	495	68	12,554	6,250	2,205	3,430	669
1930年下	12,839	1	154	565	1	13,560	6,250	2,343	4,807	285
1931年下	12,920		144	525	82	13,672	6,250	2,154	5,231	37

出典）粕谷誠・武田晴人，前掲「両大戦間の同族持株会社」136頁。原資料は21年までは渋沢同族株式会社『決算報告書』，25年からは『銀行会社要録』。

年の五〇〇〇万円台から二〇年代後半には一〇〇〇万円を超える規模に達していたが、その投資資金は、増資と利益金の積立に加えて、借入金の増加も昭和恐慌期には目立っており、第一銀行などから投資資金を調達する必要があったことが推測される。大戦期に限られるが、損益計算では（利益額が貸借対照表と差があるが）、資産保有状況に対応して収入の大半は諸株式などの配当金であり（表6）、一九二〇年恐慌による株価の下落の影響があったためか、二〇年から有価証券の償却が行われる一方で二一年上期に二八万円あまりの売却益も計上していた。

保有株式については、一九一九年末に限られるが、表7のように、多数の銘柄を保有していることに特徴があり、株数で最も多いのは、浅野セメントの旧株・新株あわせて二万四八四二株、次いで第一銀行株が同じく合計一万九四五

表6　渋沢同族株式会社損益計算

（1000円）

	配当金	その他	合　計	有証償却	その他	利　益
1917年上	391	19	409	0	44	366
下	442	17	459	0	50	410
1918年上	782	23	804	0	53	751
下	610	21	634	0	52	581
1919年上	670	35	705	0	54	651
下	585	23	609	0	70	539
1920年上	886	19	905	181	92	632
下	649	10	660	164	113	383
1921年上	654	298	952	426	134	391

注）21年上期の「その他」のうち283千円は株式売却益。
出典）粕谷誠・武田晴人，前掲「両大戦間の同族持株会社」136頁。

表7　1919年における渋沢家・渋沢同族の株式保有

（株）

銘柄	株数	銘柄	株数	銘柄	株数
浅野セメント	12,431	帝国ホテル	1,465	樺太工業	2,137
浅野セメント(新)	12,411	帝国ホテル(新)	2,197	樺太工業(新)	420
第一銀行	9,718	渋沢倉庫	3,500	七十七銀行	500
第一銀行(新)	9,740	東亜興業	200	七十七銀行(新)	2,000
鶴見埋築	7,000	東亜興業(新)	2,800	石川島造船所	600
磐城炭礦	1,230	汽車製造	680	石川島造船所(新)	1,820
磐城炭礦(新)	5,800	汽車製造(新)	2,290	日本鋼管	550
東京帽子	2,096	東洋紡績	1,800	日本鋼管(新)	1,835
東京帽子(新)	2,096	東洋紡績(新)	920	秩父鉄道	1,120
茨城採炭	2,186	王子製紙	1,228	秩父鉄道(新)	1,120
茨城採炭(新)	1,859	王子製紙(新)	1,428		
東京製綱	2,500	広島呉電力	1,174		
東京製綱(新)	1,350	広島呉電力(新)	1,474	その他	43,430
朝鮮興業	1,700	東京瓦斯	564		
朝鮮興業(新)	2,000	東京瓦斯(新)	2,064	合計	153,433

出典）粕谷誠・武田晴人，前掲「両大戦間の同族持株会社」137頁。（新）は新株。

表8　株式の引受・売却数の上位会社

	引受総株数	期間		売却総株数	期間
浅野セメント	72,672	1912-26	浅野セメント	37,586	1917-28
第一銀行	40,867	1895-1920	第一銀行	16,976	1891-1922
浅野超高級セメント	28,410	1926	目黒蒲田電鉄	9,881	1924-31
渋沢倉庫	17,100	1909-20	東京石川島造船所	8,267	1896-1921
田園都市	14,000	1918-20	大日本麦酒	6,562	1902-25
東京帽子	11,348	1893-1922	東京瓦斯	6,042	1902-21
目黒蒲田電鉄	10,908	1922-26	王子製紙	5,756	1896-1931
秩父鉄道	9,636	1919-26	磐城炭礦	4,825	1893-1920
沖電気	9,492	1912-25	大日本人造肥料	4,800	1905-19
東京石川島造船所	8,160	1899-1917	王子電気鉄道	4,400	1912-30

出典）島田昌和『渋沢栄一の企業者活動の研究』232,261頁。

八株などであった。この当時の第一銀行の発行株数は四五万四〇〇〇株であったから、渋沢同族が保有する株数は五％未満に過ぎなかった。このような株式保有の広がりについては、島田昌和が詳細な検討を行い、その銘柄数の多さとともに、活発な売買が行われたことを明らかにしている（島田A、第8～9章）。すなわち、表8のように最大保有数を一九年に記録している浅野セメント株、第二位の第一銀行株をはじめとして、かなりの株式が購入される一方で売却処分されていた。この時期に栄一は、実業界から引退して積極的に事業創設に関与することは少なかったから、こうした売買操作の背景には、株式の売却によって、保有株の増資・払込請求に応じる資金が捻出されていたと考えてよいだろう。もちろん、新た

表9　渋沢栄一の分野別寄付金額

（単位：1000円）

分野別	金額	構成比	件数	1件あたり
教育・学術	638,558	34.7%	190	3,361
社会事業・福祉	341,144	18.5%	64	5,330
国内救済	94,715	5.1%	36	2,631
海外救済	13,478	0.7%	15	899
国際活動	72,634	3.9%	65	1,117
宗教	141,990	7.7%	57	2,491
軍事・翼賛	107,173	5.8%	39	2,748
顕彰等	37,843	2.1%	25	1,514
徳川家	69,087	3.8%	8	8,636
経済・産業振興	7,953	0.4%	9	884
同族	144,566	7.9%	12	12,047
郷土・公共事業	17,109	0.9%	14	1,222
民間団体支援	119,415	6.5%	60	1,990
その他	34,134	1.9%	29	1,177
合　計	1,839,797	100.0%	623	2,953

出典）橘川武郎・島田昌和・田中一弘編著『渋沢栄一と人づくり』有斐閣，2013年，2頁。

注）金額は2006年の貨幣価値に換算したもの。財団法人渋沢栄一記念財団調べ。

に関与することになった企業への出資が必要となったケースもあったと考えられるが、渋沢家の投資行動は明治期以来、関係企業の株式の長期保有は例外的であった。これが渋沢家、栄一の晩年の実業家としての台所事情であった。

ただし、栄一の活動は、この後にも説明するように、各種の団体や組織に対する財政的な支援にも及んでおり、そのための寄付金の支出もかなりの金額に達した。表9は渋沢栄一記念財団がまとめた栄一の寄付金の分野別内訳である。そのなかで、教育・学術と社会事業・福祉が過半を占めていることが分かる。同表では二〇〇六年の貨幣価値に換算されているために、これまでのデータと比較はできないが、一八億三九八〇万円という総額は、同時代の価値に直しても、相当大きな金額であったということは間違いない。一九一〇年代前半と二〇〇六年の卸売物価を比べると、この間に約五〇〇倍から一〇〇〇倍となっているから、栄一が経済界を引退した時期の価格に引き直すと三六〇万円から一八四万円程度となる。表7に示される同じころの渋沢同族の収支の規模から見ると、その金額がそれなりの負担となっていたことが推測できる。

それ故、栄一が「寄付魔」という異名を付けられたことは当然であった。栄一は、ある時イタリアの骨相学者から一〇七歳まで生きるといわれたという。これを伝え聞いた服部時計店の創業者服部金太郎は「そりゃ大変だ、渋沢さんに百七歳まで生きられちゃ、これからどれだけ寄付金のご用命があるか分からない。もっと稼がなくちゃなりませんな」と真顔で語ったと伝えられている（渋沢秀雄、三五二頁）。栄一からの頼みは断りがたく、それ故に資金を集めたい人たちにとって栄一は頼りになる存在であった。

実業界からの完全引退

敬三に後を任せ、渋沢同族株式会社を設立して同族の資産の保全を図るとともに、栄一は、それまで残っていた実業界での公的な地位から完全に引退することを宣言した。

一九一六（大正五）年七月に東京銀行集会所で開かれた第一銀行第四〇期定時総会において栄一は、議事終了後、取締役頭取辞任の意向を表明した。頭取辞任の承認は総会の議決事項ではなかったが、栄一は長い間の株主との関係を考えて挨拶に立ち、創業の時代からをふりかえりながら、「此法人たる株式会社の重役席を何時迄も塞げると云うことは心にも許しませぬし、殊に当年は七十七、即ち喜の寿の齢を迎えまして、身体も精力も共に衰えましたことは、強て申上げるまでもないのでございます」と高齢により辞職の時期がきたことを告げるとともに、現役員が十分に後継者として責任を果しうると説明した。栄一の説明によれば、辞職の決意はその年の春には重役会に申し出ていたが、重役会が広く株主に説明することを希望したために、総会終了後の辞任発表となったという。

栄一は、官を辞したのち「実業界に入って一生の間に斯る有様にまで進めて見たいと思った理想が、未だ完全に届いたとは申されぬかも知れませぬけれども、先ず十の七八はその位地に到ったと考えますから、最早俗に申す給金取は罷めたが宜かろうと思い定めたのであります」と株主に語りかけ、将来については、「全く老衰して世務を見ることは出来ぬと云う程でもないようにございます、故に倒れるまで国民の務は已むべきでないと考えますので、国民の本分として国交上に関する事とか、或は教育に関係する事とか、又は社会政策とかに努力する考えであります、而して場合に依りては本来の持前が実業界に育ったのでございますれば、財政経済に対しては人の問いに対して答えるか又は意見があったら之を述べると云うことは、精力の有らん限りは継続致すであろうと思うのでございます」と抱負を述べた。

また、合本会社の経営にあたる心得として、「事に当っては全然我物と思って精励し、又事を処するには総て人の物と思って整理する、斯の如く二つの要綱を維持すれば合本会社の事業は必ず成功して、其間に何等紛議の生ずる事などはない、私は事業に格別の成功は致しませぬでも、此要綱を金科玉条として居りましたから、今日迄取扱った事に就て自ら疚しいことはないと信じて居ります」と結んだ（伝記資料、50、一一三〜一一八頁）。

総会では、大倉喜八郎が株主を代表して栄一への謝辞を述べ、永年の功績を讃えた。後任の頭取には、取締役のなかから佐々木勇之助が選任された。栄一は相談役に推挙されるとともに、八月に開かれた臨時株主総会で功労金として三〇万円を贈呈されたが、そのうち一〇万円を行員育英資金として寄付した（伝記資料、50、一二七頁）。

第一銀行頭取辞任と前後して、一九一六年七月に栄一は、東京貯蓄銀行取締役を辞任し、実業関係の公的な役職からすべて退き、実業界から完全に引退した。

3　公益を追求する

『論語と算盤』と『徳川慶喜公伝』

栄一は、自らの考え方を書物のかたちで発信することに熱心であったとは思われないが、栄一の考え方に共鳴する多くの人たちが、『竜門雑誌』などに収録された栄一の講演や談話などをより広い読者に届けようと出版を企画し実行していた。一九〇〇（明治三三）年に竜門社から編纂・刊行した『青淵先生六十年史――一名近世実業発達史』は、その一番早い時期の一つであるが、栄一の回顧録としては、『青淵回顧録』が一九二七年に刊行されている。伝記的書物ではなく、栄一の考えをまとめたものとしては、一九一一年に『青淵百話』が刊行された。

こうしたなかで、実業界から完全に引退した一九一六（大正五）年、栄一は、東亜堂書房から『論語と算盤』を刊行した。この書名は、一九〇九年の古希の祝いとして小山正太郎画伯から贈られた絵画をみた三島毅が起草し、栄一に贈った「題 論語算盤図 賀渋沢男古稀」の一文に由来するといわれている（事典、一六一頁）。内容は、栄一が説いていた世に処する方法などを、梶山彬《あきら》が『竜門雑誌』等から選んで一〇章九〇項目にまとめたものであった。一九二七（昭和二）年に忠誠堂から若干改版されて刊行された後、戦後には浅野重治郎の別版のほか、国書刊行会、大和出版からもそれぞれ刊行され、栄一を語るうえで代表的な書物となった。なお、論語については、『論語講義』が二松学舎における栄一の講義録を基礎に二松学舎出版部から一九二五年に刊行されている。

自らの考えを発信する以上に栄一が力を入れて取り組んでいたのは、一九一八年に刊行された徳川慶喜の伝記編纂であった。幕末に大政奉還を決断した慶喜の行動が世間に誤解されていることを惜しんだ栄一は、福地源一郎の協力を得て伝記編纂に着手し、福地の他界後は東京帝国大学教授・三上参次の協力のもとで萩野由之《よしゆき》を編纂主任に据えて編纂事業を進めた。編纂を固辞していた慶喜を説得して、存命中は公表しないとの条件で口述記録を採録し、同時に史学の専門家により史実の精査・考証が加えられて、史実に忠実な伝記として全八巻に及ぶ『徳川慶喜公伝』を仕上げたのは、栄一の強い思いであった（事典、九一頁、鹿島、下、三〇三〜三一四頁）。

一九二五年からは栄一が尊敬してやまなかった松平定信の伝記編纂にも取り組んだ。松平定信が作り上げた「江戸七分積金」制度が東京市養育院を作り上げる重要な制度的・歴史的基盤であったと考えていた栄一は、慶喜と並ぶ「恩人」として定信を捉えていた。その事跡をまとめることは、「現今の世態が」「公の如き公明中正なる政治家を必要」としていたからであり、栄一には是非とも実現したい課題であった（伝記資料、48、九頁）。残念ながら、その完成は栄一の存命中には実現せず、三七年に未定稿として刊行されることになったが、存命中に栄一はあらかじめ「自序」を執筆し、自らの責任で編纂したことを明記した。

社会事業への熱い思い

栄一の福祉思想を研究した大谷まことは、経済面での栄一の多大な功績の一方で、栄一には「創ろうと努力し続けたがついに創れなかったものがあった」、それが福祉思想に基づく社会だと捉えている。この評価は、福祉分野の研究のなかで栄一の実質的な関与を論ずるものが少なく、「かたちばかりの組織の長」であり、寄付集めの旗振り役程度の評価に留まっていることを疑問視し、これを改めるべきであるとの大谷の栄一像に基づいている（大谷、二〜九頁）。それは、栄一が「もしここに二つの仕事があって一つは自分の儲けとなり、一つは公共の利益になることであるとすれば、まず公共の仕事を処決して見たくなるのが自分の性質である。強いて己れを枉《ま》げて自利を捨て、世の為を先にせんとするのではなく、性質上そう為さなければ気が済まぬし、また自分もかくすることがこの世に生まれてきた自分の務めである」と語った言葉に表れているという（大谷、五一頁）。

栄一が「公共の利益になる」というときには社会事業に限るわけではなく、より広く経済的な活動の選択でも最重要の指針になっていたが、実業界から引退するとともに、栄一の関心は社会的な問題に向けられるようになった。各社の役職などを辞任した前年一九〇八（明治四一）年に設立された中央慈善協会は、二一（大正一〇）年には社会事業協会、二四年に財団法人中央社会事業協会と組織と名称を改めながら、この時代の栄一の社会事業活動の重要な舞台となり、栄一は没年まで一貫して会長の職にあった。栄一の『日記』には〇八年五月ころから、「慈善協会設立の事を談ず」との記事が残っているが（伝記資料、24、三二二頁）、同会の設立計画は、このころ久米金弥、窪田静太郎などを創立委員として準備が始められ、その実現のために清浦奎吾《けいご》と栄一に参加を求めてきたものであった。栄一は、喜んで参加を承諾し、同会は一〇月に設立された。

設立の二年後に栄一は、政財界の重鎮を銀行倶楽部に招き、済貧事業談話会を開催して欧州社会事業の視察を終えて帰国した田中太郎の報告を聞くとともに、栄一自ら「済救事業の発展の方法を講ずる必要を」政治上、経済上、人道上の三点から詳細に演説した（大谷、一六五頁、伝記資料、30、四二〇～四二二頁）。そして、この会合では、司法大臣岡部長職《ながもと》の発議に応じて「済貧事業及び其制度の発展に関する方策」を中央慈善協会に託することを決定した。

こうして社会事業の推進に主導性を与えられた中央慈善協会において、栄一は時代の変化を踏まえて、救済事業に関わる認識を改めることの必要性を次のように語った。

将来は唯だ家族相助け隣保相扶くるの美風にのみ依頼しては居られぬ時代に到達するであろうと

思われるのであります、即ち時勢の変化は人民の移転を盛んならしめ、職業の転換を随意ならしめ、競争心を激甚ならしめ、産業組織の革命は、資本家と労働者とをして利害相反するの二階級として対立せしむると云うことになりまするると、従って情愛が薄くなるのは免れませぬ、即ち社会の一般の趨勢と云うものが、どうしても今日弱者保護の方法を講じなければならぬようになって来たのであろうと思われます。（伝記資料、30、四二五頁）

栄一は、こうした事業が必要がなくなる社会が望ましいとしながらも、現実的には対処すべき問題が次第に深刻化することを指摘し、経済発展とともに貧富の格差が拡大する一方で、それまで社会的な扶助の支えであった家族をベースにした隣保共助の美風に依存することが不可能になりつつあることを強調した（伝記資料、30、四二三頁）。そして、「唯だ窮民を救助すると云うのみでなく、貧窮を防ぐと云う広い意味を以て、所謂弱い者を保護する方法を」講じることの重要性を指摘している。この「防貧」に注目したところに栄一の認識の鋭さが示されていると評価されている（大谷、二六八頁）。

雑誌『太陽』のインタビューで養育院事業にふれた栄一は「養育院は博愛済衆の主義から出来たものではあるが、その本来の使命は常にそれ計りでは無く、社会の害悪を未発又は未然に防止するもので、社会の上から云うと他を愛するのみならず、自らを愛する為に是非ともなわねばならぬもの」（青淵回顧録、上、四七一頁）と説明している。また、貧困を背景に生じる犯罪などを予防するために未然に貧困から救済することは、単に道徳的に当然であるだけでなく、「社会政策の上からも効果があることである」とも述べている（青淵回顧録、上、四五八頁）。これは「防貧」の考え方を端的に示すものであろう。大谷は、これを栄一の道徳経済合一説における済民、国民の生活重視、国民の福利重視と「軌を一に」するものであり、栄一は経験と理論との両面で学びながら、揺るぎない信念をもつようになったと捉えている。

しかし、栄一の意気込みにもかかわらず、中央慈善協会の事業の成果は芳しいものではなかった。栄一は、一九一七年に「幹部の者一同慚愧に堪へざる次第」として、懇談会の集会者もそれほど多くないこと、雑誌の発行部数もわずかに過ぎず、事業は萎微して振るわないこと、そのために「所期の目的」である「社会事業の連絡統一及び改善等」はもとよりのこと、「世人の注意と同情とを慈善事業の上に払わしめんと欲することすら、満足に達し得ざる有様」と、それまでの活動を総括している（大谷、一七六頁、伝記資料、30、四九九頁）。

事態を打開するために栄一は、協会の機関誌名を『社会と救済』に改め、大戦後に必然的に起こるであろう失業者の増大などを含めた諸問題に対処するために組織を改革した。『社会と救済』は季刊から毎月刊行となり、栄一は「余の希望は、少くとも本誌をして社会事業従事者の指南車《ママ》たらしめたいと期念する」と改題初号に書いている。

しかし、一九二一年には社会事業協会への改組を経て二四年には財団法人中央社会事業協会となるころには、同協会に対する栄一の関与を示す記事に乏しくなり、依頼されて講演などを行うものの、組織運営に関することは少なくなったようであった。

ウイリアム・ブース歓迎会

救護法の実施への努力

この間、栄一は、日本の社会事業の発展、救貧・防貧のための施策の充実という真摯な目的に沿って、必要となる組織の発足と運営、資金の確保、調査に基づく科学的な対策の立案、社会的な認識の向上などさまざまな活動に取り組み、理想とする社会の実現にむけて歩みを止めることはなかった。

たとえば、一九一一（明治四四）年二月に明治天皇の勅語（済生勅語）に基づいて桂太郎首相が提唱した恩賜財団済生会の設立に協力し、栄一は顧問に選ばれ、終生その職にあり続けた。

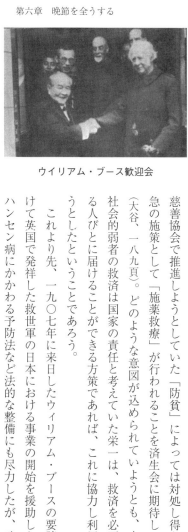

この動きは、明治末期に支配体制の動揺が危惧されていたことに対処する側面があると歴史的には評価されている。しかし、栄一は政府の思惑とは距離を置いて、中央慈善協会で推進しようとしていた「防貧」によっては対処し得ない緊急の施策として「施薬救療」が行われることを済生会に期待していた（大谷、一八九頁）。どのような意図が込められていようとも、本来、社会的弱者の救済は国家の責任と考えていた栄一は、救済を必要とする人びとに届けることができる方策であれば、これに協力し利用しようとしたということであろう。

これより先、一九〇七年に来日したウィリアム・ブースの要請を受けて英国で発祥した救世軍の日本における事業の開始を援助したり、ハンセン病にかかわる予防法など法的な整備にも尽力したが、政府の立案する法令の内容は、栄一の要望とは乖離が大きかった。

そうしたなかで最晩年の栄一が病をおして実現に努めたのが、救護法の制定とその早期実施であった。一九二〇年代半ばに中央社会事業協議会は、救護法と児童保護法の制定に取り組んでいた。このうち救護法については、一九一八（大正七）年に制度化された方面委員による救済活動では手に余るようになった現実を踏まえて、国の責任で救護を行うように転換することを目的としていた。その結果、同法は二九（昭和四）年四月に議会で成立したが、同年七月に成立した浜口雄幸内閣は、緊縮政策を内閣の基本方針としていたことから、新規の施策に着手することに消極的で、同法の施行実施が延期されることになった。即時実施によって救済・救護の方策が大きく改善に向かうことを期待していた中央社会事業協会や全国の方面委員の失望は大きく、それ故に厳しく政府を批判した。しかし、同法は一年以上にわたって実施時期未定のまま棚ざらしとなった。

一九二九年秋から三〇年にかけて、日本では浜口内閣の金解禁方針に基づく緊縮政策と、二九年秋のニューヨーク株式市場の暴落を発端とする世界大恐慌の影響で深刻な不況に陥った。失業者が増加し、都市部だけでなく農村部まで貧困者の生活難が深刻化し、救護の視点では一刻の猶予もできないほどの状況であった。

そうしたなかで、一九三〇年一月初め、救護法実施を求めて組織された救護法実施期成同盟会の代表者が、飛鳥山邸の栄一に助けを求めて訪問した。病に伏せっていた栄一に対して代表者たちも直接の面談は難しいと考えていた。しかし、「会わずに帰すわけにはいかない」と栄一は、三八度を超える高熱をおして羽織袴に居住まいを正して代表者の涙ながら訴えを聞き、栄一も涙を流した（大谷、二一一頁）。代表団が帰ると栄一は、すぐに執事に命じて内務大臣と大蔵大臣に面会を申し込ませ、健康状態を気遣って周囲が止めたにもかかわらず、「二〇万人の人たちが助かるために働いて、それで私の身体にもしものことがあっても、それは私の本懐だ」と振り切って、自動車で面会に出かけた。

安達謙蔵内務大臣に面会した栄一は、「安達さん、救護法のこと頼みます。困っている人を生かしてやってください」と頼み込み、安達内相も「心得ました」と応じたと伝えられている。しかし、井上準之助大蔵大臣は容易に理解を示さなかった。栄一は、この時のことを「国を治め民の生活を安定させることを基本にしない政治は本物ではない」と語ったという（大谷、二一六頁）。

それから半年近く後の一九三一年四月、政府はようやく救護法の三二年一月一日施行を決定し、栄一の努力も報われることになった。これを機に結成された全日本方面委員連盟において栄一は会長に推されることになったが、その連盟の結成式に栄一の姿はなかった。栄一の周囲では、この大臣への訪問面会時の無理が死期を早めたとする見方もあったようだが、たとえそうだとしても、それが栄一の「本懐」とするところだった。

協調会の労働問題への取り組み

第一次世界大戦期には日本の労働運動が高揚し、戦争の影響により物価が暴騰するなかで賃金引き上げを求める労働争議が頻発し、労使関係が不安定化した。こうした問題に関連して、すでにふれたように明治期に工場法制定には慎重であった栄一は、労働組合法などの制度的な整備が議論されるようになったころになると、三井・三菱などの関係者に「（労働組合は）設くることに助力するがよい」と主張していたが、同意を得ることはできなかった（大谷、三六八頁、伝記資料、30、六九六～六九七頁）。

栄一は、「賃金を与えれば主人であり、之を受ければ家来であると云うような封建的の観念」を資本家がもっていることを批判し、労働組合運動（友愛会）が主張する人格承認要求に耳を傾けることを求めた。このように栄一は資本家の責任が重いと指摘する一方で、労働者に対しては、「事業あって、はじめて労働者がある」ことの自覚を促し、協調的な紛争解決を求めていた（伝記資料、31、五一七～五二〇頁）。それは、過激な無政府主義や共産主義に対して「悪平等を推進する」と警戒する立場の表明でもあった。一九一五（大正四）年に友愛会の鈴木文治らが日本の労働代表者として渡米する際に栄一は、兜町の事務所で送別会を催し、一七年四月の友愛会創立五周年に際しては、記念大会の最終日に飛鳥山曖依村荘で園遊会を開いて、友愛会幹部と懇談するなど、労働組合運動の代表者たちとも親交を深めていた。

内務省が設置した救済事業調査会は、一九一八年一二月に「資本家と労働者の共同調和を図るために適切な民間の機関を設置する」ことを答申した。そこで政府は、徳川家達《いえたつ》、清浦奎吾、大岡育造と栄一の四人にこの答申の趣旨に沿った組織の設立準備を打診した。この構想については、資本家と労働者の共同調和などは「机上の空論」という批判もあり、設立準備は難航した。しかし、栄一は、自らの考え方と一致するところが大きいことから、「率先実業家の間を説得、諒解に多大の労」を払い、京都、大阪、神戸、名古屋をまわって事業に必要な寄付を集めた（大谷、三七二～三七三頁、原典は『竜門雑誌』五一九号、一四一頁)。こうして一九年八月に協調会の発起人会が開かれた。この会名は栄一が選んだと伝えられている。

発表された「協調会綱領」では、その目的を「本会は、事業主と労務者との協調を図り、社会政策的施設の調査とその実行を促進するを以て目的とす」と定め、事業活動として、①公私の機関と連絡を取り社会政策に関する研究調査を行い、その結果を公表すること、②社会政策に関し政府の諮問に応じ、または政府その他公私機関に対し意見を提出すること、③講演会・図書館等を開設して、事業主および労務者の修養に資すること、④職業紹介事業の中央機関たるべき適当なる施設を講ずること、⑤労働紛議の仲裁和解に尽力することなどをあげていた。

栄一は、一九二〇年一月の『竜門雑誌』において、協調会設立に関連して、「経済界の変動は、此処に物価の問題を伴い物価の問題は直ちに生活問題を惹起して、終に労働運動となり同盟罷工となるは常に理論に止まらずして、現代実際の象徴として明かにその萌芽を示せる以上、余も亦社会の一員であり、生命を保有する限りは社会同胞に対する公の義務として、飽迄《あくまで》緘黙《かんもく》(口を閉ざし黙る)することの出来ない」と、かねてからの信念に基づいて、設立を推進する決意を明らかにした。そして、「労働は決して資本に対して弱いものでない、勿論従来の如く自覚せざる労働は資本に対して屈従的であったが、将来の労働は必ずや資本と相俟って協力一致、産業界の発展に尽さねばならぬ、即ち、車の両輪の如く協同一致、相調和せねばならぬものである」と目指すべき方向を指し示していた(伝記資料、31、四七八頁)。

この栄一の動きに対して「渋沢は自分たち資本家の味方であるべきなのにけしからん」との批判が寄せられていた。これに対して、栄一は、労働問題の真の解決のためには「資本家としては、労働者の人格を認め」、「労働者を奴隷視する態度」を捨てる必要があり、「道理正しい態度を採る雅量があって然るべき」と反論していた（鹿島、下、二五三頁）。また、「労働問題解決の根本義」という『社会政策時報』への寄稿では、「資本あっての事業、事業あっての労働であると同時に、労働あっての事業、事業あっての資本である」、「資本家と労働者との人格的共働が即ち産業である」と強調していた（伝記資料、31、五一八頁）。

なお、それまでしばしば飛鳥山を訪問して栄一と面談していた鈴木文治は、この協調会設立に際して、司法省など政府内部に友愛会、さらには広く労働組合運動を弾圧する考え方があることを警戒し、協調会には参加しなかった。不参加の態度を表明した鈴木に対して、栄一は、「私一個人であれば」労働組合運動に対する弾圧立法の廃止や労働組合の公認、組合法の制定に「賛成」であることを伝える一方で、協調会内の意見をこの方向に沿ってまとめるのは難しいと判断し、鈴木の不参加を了承するほかなかった（鹿島、下、二五二頁）。栄一は実業界では一歩先を歩んでいた。

友愛会の不参加もあって協調会の活動は、栄一の期待に沿うものではなかった。一九二三年に栄一は、「大正八年の着手から今日まで三年以上経過しても未だ満足の効果を挙げたとは言われませぬ」と書いている（大谷、三七六頁、原典は『竜門雑誌』四一八号、二九～三〇頁）。このように栄一の労使協調の理念は、直ちには実を結ぶことはなかったが、それは第二次世界大戦後の日本の労使関係にひろく共有される労使協調の考え方の先駆をなすものであった。

大規模災害への救援活動

貧困の救済や労使関係の改善などの経済社会が抱え込んだ構造的な問題だけでなく、栄一は水害や震災などの予期せぬ大規模災害の発生に際して、その社会的な影響力によって被災者支援のための寄付を集めるなど、救援活動をその都度展開した。

一九一〇（明治四三）年の夏には、東海道方面から関東・東北の各地にかけて、河川氾濫、洪水が発生し、家屋や田畑に広く被害が及んだ。とくに八月初旬の東京における「洪水は前代未聞の珍事」であり、「人家の浸水するもの実に十八万余戸」で、「罹災民の夥しき」惨状であった。栄一は、中野武営《たけなか》、豊川良平と協議し、東京水災善後会を組織して一八万円弱の義援金を集め、被災地の衛生状態の維持などのために、東京市や医療機関などに提供した（伝記資料、31、二一七頁）。また、善後会の活動が東京市を対象としていたことから、より広域の被災地を対象とする臨時水害救済会が別に組織され、栄一は求められて副総裁とし各地を訪問して義援金の募集に協力した（伝記資料、31、二四六～二四七頁）。

一九一三（大正二）年には東北地方で凶作が発生したことから、被害民の窮状を心配した栄一は、同年末には被害の実態を政府に訴えるために協議会を開催し、青森、岩手、宮城、福島、秋田、北海道などの地方議員や大倉喜八郎、益田孝などの財界有力者などと東北救済会の設立を決議した。この方針に沿って栄一は、年明けには衆議院図書館において東北凶作救済会を設立するための準備相談会を開き、東北救済会を設立することを確認し、松方正義、大岡育造と栄一の連名で同会の発起人募集通知を発送した（伝記資料、31、二六八〜二六九頁）。この救済会の新聞発表に際して、栄一は「内務省に達せし報告に救済を要すべき饑民《きみん》の延人員は北海道の五百万、青森の二百余万を始め、其他の東北各方面を併せ総ての延人員九百有余万、即ち凡そ一千万人近きを算う」との被害状況の推定に基づいて、少なくもと一〇〇万円以上を集める必要があると説明した。

その二日後の一月一二日に、鹿児島の桜島が噴火し、西桜島村・東桜島村両村で合計一二〇〇戸近くが溶岩にのみ込まれただけでなく、対岸の大隅半島などにも降灰による多大の被害が発生した。被災面積は一八・三万町歩、戸数七万二〇〇〇戸、人口四三万四〇〇〇人、被害総額は三七〇〇万円あまりに達した（伝記資料、31、二七一〜二七二頁）。

そこで、一四日に評議員会で協議した東北凶作救済会は、桜島噴火被害に対しても救済の必要を認め、趣意書・規約を改正し、会名を東北九州災害救済会と改めた。栄一は、副総裁として募金に努め、一五六万円あまり（うち恩賜金一五万円）を集めた。集めた資金はそれぞれ使途を特定して関係機関に配分された。この募金では、当初から新聞社などの協力を求め、各社は発起人に名前を連ねるとともに、凶作地視察記者団による報道を通して救済の必要を訴えた。また、募金だけでなく、松方侯爵夫人などが発起人となって慰問袋を募集することとなり、東京府下の主な女学校で慰問袋を仕立て、三越呉服店や東京倉庫の協力を得て収集・保管・発送を行ったが、慰問袋は二月末の締め切りを超えて三月末まで続々と届けられることになった。この時も、栄一は各地を訪れて募金活動への協力を呼びかけた。同様の救済活動は、一九一七年の東京に発生した風水害でも東京風水害救済会が組織され実行された。また、一八年の米騒動では、東京府臨時救済会を設けて寄付を集め、米の廉売のための資金を提供するとともに、この資金をもとに日用品の小売市場を設けて永く生活の安定に資する目的で東京日用品協会を設立した。

一九二三年九月一日に関東大震災が発生した時、栄一は、兜町の渋沢事務所で執務していたが、激しい揺れでマントルピースの上の大鏡やシャンデリアが落下するなかを、事務所職員とともに避難した（渋沢秀雄、三三八頁）。事務所の壁は崩れ落ち、建物は全体に大きく傾いていたと伝えられている。間一髪で難を逃れた栄一は、崩れた渋沢事務所に保管されていた資料などを、翌日運び出そうと考えていた。しかし、その夜、事務所は火災に遭って全焼し、重要な事業関係書類ばかりでなく、徳川慶喜公伝記編纂資料などが失われた。

震災の翌日に栄一は、幸い軽微な被害に止まった飛鳥山邸で阪谷芳郎の意見を聞いたうえで内田臨時首相、警視庁、東京府知事、東京市長に人を派遣して、「罹災者に食糧の供給及バラックの建設、民心の鎮静、不穏者の取締等」について注意するよう意見具申した（伝記資料、31、三二九頁）。さらに翌三日には、飛鳥山邸に近い滝野川町附近住民や罹災避難民に対して飯米を支給するために、栄一は今村正一に武州銀行柴田愛蔵宛の紹介状をもたせて買い出しに向かわせた。その日、武之助と秀雄は、焼け出された「暴民」が屋敷に押しかけるかもしれないと危惧して、父栄一にしばらく郷里の血洗島に避難することを勧めた。しかし、栄一は、「ワシのような老人はこんな時にいささかなりとも働いてこそ、生きている申し訳が立つようなものだ」と、その勧めを「卑怯千万」と一言のもとに切り捨て、なおも言葉をつなごうとする子どもたちに対して「意気地がない」「そんなことでは物の役に立ちはせんぞ」と叱咤したという（渋沢秀雄、三三一〜三三二頁）。

その後、九日には、栄一は、実業家でもあり衆議院議員であった山科《やましな》礼蔵と連名で東京商業会議所に大倉喜八郎などの有力財界人四十数名の出席を求めて救済策を協議した。その結果、貴衆両院議長などとの協同のもとで大震災善後会を組織することを決定し、会長徳川家達のもとで粕谷義三、山科礼蔵とともに栄一は副会長として事業の進捗に協力した。また、会議に出席して、寄付金及火災保険問題に関する経過について詳細な報告をするなど（伝記資料、31、三七一頁）、大震災善後会の運営に携わり、義捐金四五〇万円の募集に貢献した。

大震災の報道は世界を駆け巡ったが、「海外、とくにアメリカの友人たちは栄一の安否を心配して大使館や通信社、商社などを通じて一斉に問い合わせてきた」（渋沢雅英、四〇〇頁）。これに対して、栄一は震災発生から一〇日後の九月一一日にアメリカの知人たち二四人に書面を送り、一三日にも二〇名あまりの海外の友人にあてた電報で、自ら無事を知らせるとともに震災の被害状況を報告し、援助を依頼した。この栄一の呼びかけをきっかけに多額の義援金がアメリカなどからもたらされた。

一九三一（昭和六）年八月には栄一は、揚子江沿岸に発生した大規模な水害に関して中華民国水害同情会会長を引き受け、ラジオを通して国民に寄付を呼びかけた。喘息の発作のために外出がままならない栄一のために、自宅からの放送という初めての試みであった。この死の直前の呼びかけに込められた栄一の思いは、しかし、満州事変の勃発によって中華民国国民に届けられることはなかった。

必ずしも総てが意図通りの成果につながったとはいえなかったが、栄一は、「よく集め、よく施された」と清浦奎吾が評したように（大谷、二九〇頁、原資料は『竜門雑誌』五八〇号、五頁）、熱心に社会事業や慈善活動のために資金を集め、その使われ方にも注意を払いながら、恵まれない社会的な弱者に届くことを、終生、心がけ続けた。

商業教育への貢献

社会事業への関わりが、栄一が経済活動に主力を注いでいた時代からのものであったのと同様に、教育に関する支援も当初から栄一が関心を払い、助力を惜しまなかった分野であった。東京市養育院と同様に東京会議所が運営を引き受けた商法講習所を起源とする東京高等商業学校（以下、東京高商）については、すでにふれたように栄一は、その教育方針に賛同し、財政面・運営面での支援を惜しまなかった。

とりわけ明治末期に生じた大学昇格問題では栄一の調整能力が発揮された。すなわち、一九〇九（明治四二）年に大学への昇格を目指していた東京高商に対して、文部省は専攻部を廃止する主旨の省令を制定し、東京帝国大学法学部に経済学科と商業学科を新設し、高等商業学校からの大学昇格の動きを帝国大学の組織再編で吸収しようとした。こうした動きに猛反発した東京高商の教職員や学生のうち、昇格運動を推進してきた関一ら四教授は辞表を提出し、在学生は学生大会で抗議の意思を表わすために五月には「総退学を決議」するなどの抵抗姿勢をみせ、学内は大混乱に陥った。

東京高商の商議員であった栄一は、三月には紛糾する同校を訪れて「学生一同に対して懇切なる慰撫演説を試みた」結果、学生は「無条件にて、渋沢商議員に一任」し、「学生は何等積極的行動を取らない」との態度を示した（伝記資料、26、六八五頁）。しかし、政府筋との意見調整に時間を費やしている間に、上述のように学生たちは「総退学」を決議して事態は緊迫することになった。栄一は、中野武営が提案した「五商業会議所及保証人委員会連合の計画」（伝記資料、26、七〇一頁）にそって打開の道を探り、退学を表明した学生に対して翻意を促す一方、文部省にも方針を転換して事態を収拾するよう説得した。その結果、一九一二年三月までに文部省は専攻部の存続を最終決定した。これより直ちに大学への昇格は認められなかったものの、その道筋がつくことになった。

一九一四（大正三）年に同校の同窓会有志はこの経緯に鑑みて、政府・文部省の帝大中心主義政策から母校を防衛するための組織として「如水会」を結成した（伝記資料、44、一五五～一五六頁）。その後、第一次世界大戦後に原敬《はらたかし》内閣が高等教育拡充構想を打ち出した機会をとらえ、東京高商は二〇年に専攻部を基礎として大学昇格（旧制東京商大）を実現させた。ちなみに、如水会という名称は、栄一が「君子の交は淡き水の如し」という礼記の言葉からとったもので（伝記資料、44、一六一～一六二頁）、二〇年に如水会館が落成した式典でその含意を栄一は、「如水と云うは、左様に水が平和にして又変動有る物と云う心持」と説明している。

東京高等商業だけでなく、栄一は商業教育の振興などの観点から一八九七（明治三〇）年開設の京華中学・京華商業学校、一九〇〇年開設の大倉商業学校・大倉高等商業学校、一四年開設の高千穂高等商業学校などの設立・運営への支援を続けた（島田B、第5章）。企業経営に必要な人材の供給が不可欠であると考えていたから、栄一は卒業式などの機会があれば進んで講演を引き受け、実業の重要性を説き、学生たちの職業意識の向上を期待していた。

こうしたなかで、田中一弘の研究によれば、栄一は学生に対する講演のなかで商業教育に関する期待を変化させたと指摘されている。すなわち、明治期には「商業の地位向上や学問と実践の密着を訴えることで『商業の活力』に重きを置くものであった」。これに対して、東京高商の大学昇格問題についての解決のめどが立った時期以降になると、「徳義の向上による『商業の健全さ』を重点的に説くようになった」という（田中A、九四頁）。そしてこうした変化のなかで、栄一は次第に道徳経済合一説という理念を明確に意識するようになったというわけである。実業教育への支援を通して、栄一はこのようなかたちで思想的な転回をとげた。道徳経済合一説は、「合本主義で事業をするのが望ましいという着想を得てから事後的に、渋沢が「標準」として据えたもの」ということになる。

女子教育への支援

他方で、国際化に対応できる知識ある良妻賢母を育てることを期待して、栄一は一八八六（明治一九）年に伊藤博文を委員長として結成された女子教育奨励会の創立委員に加わって以降、女学校の設立に必要な資金や用地の確保、施設の充実や学生の募集などに助力した（事典、七四〜七五頁）。八八年に永田町御用邸内に開校された東京女学館は、諸外国の人びとに臆せず交流できる国際性を備え、知性豊かで気品ある女性を育成することを目的としていた。同校のこの目標は栄一の考えに沿うものであったから、栄一は同校の評議員に就任し六万円という設立資金の募金に尽力した。

創立から二〇年を経た一九〇八年の同校記念式典で栄一は、「学問と事実とは始終一致すべきものである、学問即ち事実である、実務が即ち学問である、斯う御考えなすつて、而して今日この学校に御出なさる間に、直ぐ実務を執るという訳にはいかないが、この学校で学ぶことは即ち貴女方が実務に就くべき準備である」と学んだことを、実生活、社会に出てから生かすよう心がけることを学生たちに呼びかけている。なお、二四年には栄一は、東京女学館館長に就任した。

一九〇一年には「女子を人として、婦人として、国民として教育する」という教育方針を掲げた日本女子大学校の創立に際して、栄一は森村市左衛門などと協力して多額の寄付を集めた。

栄一は、当初は東京女学館と共同して女子の高等教育機関を創設することを考え、そのために東京女学館の外山正一と日本女子大学校設立を企図していた成瀬仁蔵《じんぞう》と引き合わせた。しかし、栄一の回想によれば、「二人の意見が根本から違って居る為め、直ぐ議論を始め、同じく女子教育の興隆を希望しながら、実際に付ては左と右と云う様に別れて、更に一致する処がなかった」（伝記資料、26、八七七頁）という。もっとも、栄一も成瀬の考え方に完全に同意できたわけではなかった。栄一は、成瀬から「貴方にまでそんな事を云われては甚だ困る」と注文を付けられ、当時は必ずしも納得していたわけではなかったようであった（景山、二三七頁）。それでも栄一は成瀬の計画を支持し、東京女学館とは独立の計画として日本女子大学校が創立されることになった。栄一は、創立後も校舎の増築などの必要に応じて資金的な援助を続け、七〇回に及ぶ講演を同校で行い、三一（昭和六）年には日本女子大学校長に就任し、その最期まで責任を果たした。

この間、一九〇九（明治四二）年に『家庭週報』に「余の女子高等教育に尽瘁《じんすい》する所以」を寄稿し、

「御婦人の智識が増せば、その働らきが現われ、その働らきが現われれば地位が進み、国の富を増すと云う事になると云う考えが、微力ながら此処に力を致した所以である」と述べている。また、晩年、栄一は『雨夜譚会談話筆記』に、「婦人問題に就ては、あまり立派な意見を述べる程の考えはない。婦人に対する観念は、慶応三年民部公子《みんぶこうし》にお伴して欧羅巴へ行つてから多少違って来た。それ迄は東洋式の考えで、当時参政権などの問題は、勿論なかったが、婦人には主権を絶対に持たせぬがいい、孔子の所謂、女子と小人は養い難しと云うのを信じ、貝原益軒《かいばらえきけん》の女大学式の説を尤《もっと》だと思っていた」。ところがヨーロッパでの体験によって「これではいかぬ。日本人の婦人に対する考えは間違つている」と痛切に感じたと回想している。ただし、栄一は、言葉を継いで「けれども私は儒教式の考えを全然捨てたのではない。全然男女同権を認めるなどと云う説には同意し兼る」とも告白している（伝記資料、26、八六一頁）。

栄一の考え方は、女子教育の目的について、「世がますます文明に赴くにしたがい、ただ天稟《てんぴん》ばかりで賢母となることはできぬから、教育によって智識を進めるよりほかないが、女子は家庭上の智識を得るをもって第一義とし、これを家事上に実践躬行《きゅうこう》して、円満に一家を治めるのが、文明的婦人の本能である」と述べたことに表れている（鹿島、下、一三四頁）。また、渋沢家の家訓では、「女子の教育」として「貞淑の性を養成し、優美の質を助長し、従順周密にして、一家の内政を修めることを訓練する」と定め、亡くなる直前にも「女は才よりも愛を、知識よりも情けを身につけることが大切である」と語ったと伝えられる。女子教育に対する栄一の考え方には、このように「矛盾」した、首尾一貫しない部分があったということであろう。

第一次世界大戦後の新たな国際情勢のもとで、栄一の民間外交への取り組みは引き続き熱心に続けられた。

民間外交の挫折

一九二〇（大正九）年三月にアレキサンダーなどの米国各地の代表的人物が来日して開催された日米関係協議会では、日米関係の緊密化の観点から六回にわたる熱心な討議が行われたが、そのなかで栄一は、日米共同の経済協力事業を実現することを通して移民問題（日本人移民の土地所有権問題）の解決を図ることを期待していた（片桐、六八頁）。その具体策の一つが「連合特別委員会」の設置であり、栄一は金子堅太郎と同行して原敬《はらたかし》首相に説明するなどして実現に努めた。

日米関係協議会の翌四月に「一流の米国実業界網羅した訪問団」が来日して日米有志協議会が開催され、引き続き日米の協力関係についての討議が行われた。この討議でも栄一は、移民問題の背景にカリフォルニア州の「政治家の政略」があると受け止めて「博愛主義を重んずる国」としては嘆かわしいことであると率直に批判する一方で、日本人移民が排斥される理由を「日本人が米国化して事業を経営しない」点に求め、日米の協力事業によって「米国に貢献」する方向へと誘導する必要性を説いていた（片桐、七七〜七八頁）。

こうした栄一の主張は米国側の理解を得られ、会議は日米の相互信頼の増進に一定の成果を上げたと評価されている（片桐、九六頁）。有志協議会が開かれた一九二〇年四月に栄一は、国際連盟協会会長に選ばれ、第一次世界大戦後の国際協調・平和主義などの理念を日本において推進する代表者と見なされる地位に立っていた。こうした栄一の地位が、米国との対話において、その発言に重みを加え、理解を得るうえで重要であったと思われる。

有志協議会の有力なメンバーであった『サタデー・イブニング・ポスト』主筆のジュリアン・ストリートは、後に「明晰な考え方、現実的な把握力、簡明直截なアプローチ、そして一貫した目的、その人の中に私は日本国民の最善の姿、もっともすぐれた資質を見た、親切で暖かい心、世界情勢についての驚くべき感覚、愛国者でもありながらけっして狭い愛国主義のわくにはまることがない……。そこには、まれに見る偉大な心がある、その人を限りなく尊敬する」と栄一を評している（渋沢雅英、三五四頁）。

1922年渡米時（ホノルルにて）

栄一は、一九二一年一〇月から翌年一月にかけてワシントン軍縮会議に合わせて渡米した。渡米に先立つ同年六月に全国商業会議所連合会本会議において軍備制限意見書が審議された際、政治問題に商業会議所は踏み込むべきではないとの意見が会員のなかにもあるなかで、栄一は国際連盟協会会長として協会への参加を訴える講演のなかで「政治を離れて経済論あらず、政治に無干渉にして実業なし」として、政治的発言に消極的な実業家を批判するとともに、原内閣に対して軍縮への慎重な態度を改めることを要求

太平洋問題調査会にてアレクサンダーと

していた（石井C、一三二頁）。軍縮は経済状態の正常化、実業の発展にとって不可欠というのは年来の栄一の考え方であったが、栄一はニューヨーク商業会議所の晩餐会において、「軍縮は各国民の負担する税金の大幅な節約となり、これによって得られる資本余力は全世界の平和と進歩のために使われることになる。日本の国民は、今回の歴史的な会議を成功させるために米国と徹底的に協力することを望んでいると自分は断言してはばからない」と挨拶した（渋沢雅英、三七八〜三七九頁）。そこには軍縮会議の成功に期待していた栄一の姿があった。

この渡米にはもう一つの目的があった。それは軍縮会議の日米両国代表団などと会談して移民問題の解決に向けた取り組みを求めることであった。しかし、軍縮会議を進めるうえで移民問題が混乱の要因になると考えられたことから、栄一の要請はかなえられなかった。そのため、帰国後の一九二三年六月に東京日米関係委員会は移民問題解決のための陳情書をまとめ、軍縮問題解決後の日米間の懸案となった移民問題についての取り組みを政府に求めた。

しかし、こうした働きかけにもかかわらず、米国議会では排日移民法が提出され、一九二四年四月に可決された。排日移民法の成立は日本側に大きな衝撃を与え、太平洋にかける橋を自認していた新渡戸稲造が同法が破棄されるまでは「再び米国の土を踏まないと公言する」ほどであり、七月一日に東京芝増上寺で対米国民大会が一万人あまりを集めて開催され、日米開戦論が叫ばれることにもなった。新移民法が可決された直後に帝国ホテルで開かれた汎太平洋協会の昼食会で栄一は、若いころを回顧しながら「一老人の繰り言」と断りつつ、「七十年前にアメリカを排斥した（攘夷運動のこと――引用者）が、当時の考えを思い続けていたほうがよかったかと、というような考えを起こさざるをえない」と真情を吐露し、言葉を続けて「願わくはアメリカ大統領が否認権を行使してもらいたい」と大統領の判断に一縷の望みをかけ、「日米両国のために適当な措置」がとられることを期待すると述べた（渋沢雅英、四一八～四一九頁）。しかし、この願いも叶うことはなく大統領の署名によって法案は成立した。そのため、「老齢にして将来もあまり長からざるべとく思いつつも、その問題解決を見ざる間は瞠目し兼ねる如き感じを抱」いていた栄一も落胆を隠せなかった（片桐、一一〇頁）。

切迫する状況のなかで清浦奎吾首相に招かれて日米問題について、金子堅太郎・団琢磨・幣原喜重郎などとともに会談した栄一は、「歴代内閣が対米外交に何ら一貫した政策をもたず、場当たり的な仕事ばかりしてきた結果」だと批判し、その様子は「政府は無能」という主旨の政府批判として新聞各紙に報じられたが（渋沢雅英、四二二頁）、時すでに遅かった。こうして高齢の栄一が数次にわたる日米経済人の協議に参加し、さらに渡米して有力者に意見を具申することを重ねたにもかかわらず、移民問題の解決のための栄一の努力は水泡に帰した。

その後、一九二六年に設立された世界国際児童親善会が提唱した「友情人形」の送付がアメリカキリスト教教会連盟の呼びかけによって実現した。その際、栄一は日本国際児童親善会の会長として人

日米児童親善人形

形の受入と、返礼の人形の製作・送付に必要な資金の調達などに尽力した。日米両国合わせて五三〇万人がこの人形交流に関わり、これによって両国の国民感情の改善に貢献したといわれている（是澤、二〇〇頁）。

中国との関係でも栄一は、引き続き民間外交の推進に努めたが成果は芳しいものではなかった。栄一は、一九二〇年六月に設立された日華実業協会の会長に就任し、あくまで両国の親善を実現することを目的に、両国それぞれの対応・態度を改める必要性を強調していた。この協会会長就任は、高齢の栄一の健康を心配した家族が反対していたが、それを押して「どうせ死ぬときは死ぬのである。生きている限りは日本のため、アジアのため少しでも役に立つのであれば本望ではないか」との栄一の決意によるものであった（渋沢雅英、三五八頁）。栄一は、その後、一九二〇年代半ばにかけて日貨排斥運動が激しさを増すなかで、日本の対中国政策が重要な原因になっていると政府を批判し（青淵回顧録、下、一〇九二頁）、一二三年六月には「飽くまでも穏便に、又一時的な空騒ぎでは無く、持久的な態度を持して、円満なる解決を期する心得を必要とする」（片桐、一五一頁）と説いた。さらに同年七月に開催された日華実業協会など日中関係の友好団体の連合大会では、栄一は不本意な事態に陥っていることを率直に認めつつも、「徳に報ゆるに怨みをもってする友人に対しても、われわれは暴に報ゆるに暴をもってするものではない。ただ国際間のことは一歩誤れば挽回のできぬ危機に陥るおそれがあるので……中国国民の冷静な自省を望まざるを得ない。私の希望はあくまで東洋二大民族の完全なる了解と提携により、世界の平和に貢献することである」と語りかけた。「声涙ともに下るというような演説であった」という（渋沢雅英、四〇五～四〇六頁）。しかし、片桐庸夫は、こうした栄一の考え方の根底に、「排日・排日貨運動」の高揚をもたらす「中国の民族主義」に対する「誤った理解」があったと捉えている（片桐、一六〇頁）。

日米間と同様に日中間でも経済協力を通して相互理解を深めれば緊張関係を緩和し、改善できるという栄一の考え方は、政治的軍事的対立が加速する時代状況のもとでは次第に影響力を失っていった。栄一は、明治のはじめから軍事費の膨張による財政の逼迫は国民経済に悪影響を与えると批判してきた。第一次世界大戦後の軍縮の時代には、軍拡による悪循環が国際的にみて対米、対中関係の改善を妨げる要因と認識し、ワシントン軍縮については、「軍備制限問題は、吾等実業家の立場としては両手を挙げて賛成する」と発言していた（大谷、三九五頁、原資料は『竜門雑誌』三九九号）。また、その著書『論語講義』でも「武装平和は野蛮の違法であり、国際道徳を修むれば世界の平和は維持せられる」と孔孟の思想に基づいて主張していた（大谷、三九九頁、原資料は『論語講義　二』）。ただし、栄一の主張は平和・友好を望みながらも、日本の対外政策を批判する力が弱く、『太平洋にかける橋』を書いた曾孫渋沢雅英は「米国に対して国民外交を展開すると同時に、明治以来の日本の国是や国策を全面的に洗い直してみる必要があった」と指摘している（渋沢雅英、二五二頁）。しかし、それは果たされず、日米関係は対決へと突き進んで行くことになった。

栄一は、自らが歩んできた近代日本の経済社会が変質しつつあることを感じていたと思われる。そうであるがゆえに、経済的格差がもたらす問題や、労資の階級対立が顕在化しつつあることなどの国内情勢に敏感に反応し、他方で国際的な関係改善にも努め、その現実が理想との距離を広げていくことにあらがっていた。渋沢雅英は、「富国強兵の背後に積み残されたこの国の知的・社会的インフラストラクチュアの構築」に取り組んだと、栄一の後半生の主要な活動領域となる社会福祉・教育・国際親善・民間交流の貢献を評価している（渋沢研究会編A、一五頁）。十分に納得できる結果を得られていたわけではなかったが、栄一が志していたことは、指摘されている通りであろう。

しかし、そうした栄一の思想が日本の現実に対して訴える力を失いつつあったことも事実であった。八〇歳をすぎると健康面でも不安を抱えて静養を求められて、かつてのような精力的な活動ができなくなっていた栄一は、一九二七年の金融恐慌に際して意見を求められた際、「私はもう十年以上銀行の方を引いて居りますから、現況を申し上げる限りではありません」と語ったと伝えられている（坂本、二〇九頁）。この発言に注目した坂本慎一は、栄一の言葉にはいくぶんかの謙遜があることは認めつつも、最晩年の栄一が「実業界に疎く」なり、「道徳のみを説」くようになっていたのではと推測している。そうした面があっただけでなく、栄一は、自らが提唱する「政経分離」の考え方に沿って日本政府や日本軍の侵略的な行動を批判し、抑止するように政策転換を求めることには控えめであったことも事実であった。それが、栄一が批判を受ける理由でもあり、限界でもあった。それでも、日米両国民の対話によって平和的な関係を構築することを願う栄一の「正義は何時の場合でも最後の勝利者である」「米国には正義人道の公平なる見地より、日本の立場に同情している人々も少なくないからやがては是等の正しい世論が具体化する時期があろう。私は其日の一日も速やかならんことを切望して止まぬものである」（鹿島、下、二〇一頁）という栄一の立場を時勢を見誤った「ドンキホーテ」のように切り捨てるのではなく、その真意を継承することこそ栄一の期待に添うものであろう。

4　永　眠

「生涯現役」の日常生活

実業界を完全に引退した後も、以上の諸活動から知られるように栄一は、忙しい日々を送っていた。

栄一は、「明治の前半から数十年一日のごとく、黒のフロックコートを着つづけていた。昔風な硬いダブルカラーに黒の蝶ネクタイ、それに地味な縞ズボン。帽子は黒の山高帽で外套はインパネス。家にいる時の野暮な和服以外は、必ずこの牧師めいた服装の一点張りだった」という（渋沢秀雄、三二二頁）。旅行に出る時もこのいでたちであったようで、渋沢秀雄は七〇歳を過ぎた栄一との汽車旅行の記憶として、「夏の暑いさなかでも、父はフロックコートの上着をぬがずに、何時間でも座席にキチンと腰掛けたままでいた。随行の秘書はときどき次の車室に立って、上着を脱いだり、座席に横たわったり、息抜きしなければヤリきれなかった」と回想している。「行儀のよい父は、汽車弁を食

栄一88歳

べる時には、はじめに折のフタについた米粒をきれいに箸につまんで食べた」とも書いている（渋沢秀雄、三二五頁）。

その日常生活については、栄一の日記に基づいて次のように紹介されている（事典、二一〇頁）。

> 栄一の起床は、午前七時から八時ころである。入浴、朝食を済ませ、日記を書き、書類を点検。新聞や書類に目を通すこともある。その後は朝から来客の対応をする日もある。午前一〇時には兜町の事務所に行き、事務処理や来客対応、というのが主な午前中の生活パターンである。
>
> 午後も栄一は来客の応接、各種事業の打合せや会議などで忙しく動いているが、栄一の予定を渋沢事務所が記録した一九二六（大正一五）年五月二六日の記事によると、栄一が八六歳の一日は次のようなものであった。
>
> この日、予定では午前一〇時に「ゴルドン、今村正一両氏来約（飛鳥山邸）」となっており、栄一は飛鳥山の青淵文庫内でゴルトンなる人物と面会する。その後栄一は飛鳥山邸を出発し、午前一一

時、予定に記された「日米関係委員会（工業倶楽部）」に出席。次の予定表には、午後二時「事務所御出勤」とある。そして、時刻は不明だが、一日の仕事を終えて飛鳥山へ帰宅というスケジュールであった（事典、二二頁）。

こうして仕事を済ませて帰宅してからも、「栄一は食事の後に書類や書状の点検、自身の原稿校正をなどを行い、不意の来客に対応したりすることもあった。また、新聞、雑誌、本を読んだり、孫たちと遊んで過ごすこともある。そして就寝するのは一〇時から一二時である」という。

孫たちとの夜の時間、栄一は七〇歳を過ぎてから覚えたポーカーがひどく気に入って、夜遅く帰宅してから子どもたちの仲間に入って、妻の兼子が止めるのも聞かずに、徹夜で勝負を競うこともあったと、渋沢秀雄は書いている（渋沢秀雄、三六〇〜三六二頁）。しらじらと夜が明けて疲れた息子たちが一眠りしようとするころ、栄一は朝風呂を浴びて着替えをし、すでにたくさんの来客の詰めかけている表の方へ元気に出て行く。その後ろ姿を秀雄は見送っていた。

栄一は、一九一六年に雑誌社の質問に答えて、「屈託のないこと」が健康法であり、食事では「甘味及び脂肪分多き食物」を好むと回答している。朝食はオートミルなど洋風だったようであり、健啖家であったという印象を残す回答であった。

七〇歳代になっても孫の敬三を食事に誘い、アナゴの天ぷらや血の滴るステーキをほおばっていた栄一であったが、敬三が一九二五年に横浜正金銀行倫敦支店勤務から戻ったころには、「人間的な臭みが抜けてきて解脱したような」印象を受けたという（渋沢雅英、四六五〜四六六頁）。八十歳代も半ばになると、それまで発散されていたギラギラとした感じが消え失せていたということであった。恐らく帰国後のことと思われるが敬三は、栄一夫妻に飛鳥山邸の洋館住まいを提案し、暖房設備を備え、一隅に浴室を新築した。それまで、建坪七〇〇坪という広大な屋敷のなかで、廊下ばかり長いだけの不便な生活を見かねた敬三の計らいであった。これによって、栄一は、一〇〇メートルある廊下を風呂を浴びるために往復していた「屋内散歩」から解放された（渋沢秀雄、三三一〜三三二頁）。

しかし、そのころから栄一は家に引きこもり、病で伏せりがちになっていた。晩年になると、近くに住んでいた秀雄を呼び寄せ、枕元で本を朗読させることが多かった。こんな時に栄一は、秀雄にとって「公人としての重圧感は完全に影を消して、ただ愛すべく敬すべき好々爺の父親であった」という（渋沢秀雄、三七四頁）。

安らかな旅立ち

一九三一（昭和六）年一一月一一日に、栄一は飛鳥山の自宅で九一年の生涯を閉じた。一〇月に腸疾患のため、東京帝国大学塩田広重教授の執刀で邸内で腹部開腹手術を受けたものの一一月に入っても容態は改善せず、かえって悪化した。開腹手術の前日、大勢の子どもたちが集まるなかで渋沢秀雄は栄一が好んでいた三代目柳家小さんの落語の速記を読み聞かせた。これが最後の読み聞かせだった（渋沢秀雄、三七五頁）。

術後の容態は新聞を通じて一般にも報道され、連日飛鳥山には見舞客が訪れた。歌子、琴子、敬三をはじめとする親族は毎日飛鳥山邸に詰めかけて看病に当たった。とくに篤二が白金から日参し、誠心誠意、看病に努めた。「栄一の食事を枕元まで運び、必ず毒味をした上で、栄一の口元に運んだ。病気になるといつも子供に返りわがままになる栄一も、篤二の献身にだけは素直に従った。その光景は周囲の者の目に、父と子がいま大いなる和解をしている姿にみえた」という（佐野、二二〇～二二一頁）。

栄一は、八日に「郷誠之助男・佐々木勇之助氏・石井健吾氏その他財界の有力者が御見舞に見えて居る旨を聞かれ、己の病気を忘れたる如き口吻」で長男篤二を介して次のように「告別の辞」を伝えた。

私は帝国民としてまた東京市民として、誠意御奉公をして参りました、そして尚ほ百歳までも奉公したいと思いますが、この度の病気では最早再起は困難かと思われます、しかしこれは病気が悪いので私が悪いのではありません、たとえ私は他界しても、皆さんの御事業と御健康とを御祈りし守護致します。どうか亡き後とも他人行儀にして下さいますな。

この日のことであるかどうか判然としないが、敬三の回想によると、第一銀行佐々木頭取が栄一の枕元で「敬三さんがいますから、銀行のことはご安心ください。必ず敬三さんを頭取にします」と語りかけると、意識がはっきりしないように見えた栄一が驚くほどの大声で、「それはいけません。そんなことは余計なことです。本人にやれる力があるならば別ですが、私の孫だからという理由だけで頭取にするのは間違っています」と、佐々木の言葉をはねつけたという（佐野、二三二頁）。

「告別の辞」を伝えた日、病状はやや小康を保っていたが、翌日になると高熱が出て意識もはっきりとしなくなり、一九三一年一一月一一日午前一時五〇分に治療の甲斐もなく、家族に見守られて栄一は、安らかに永眠した。死の瞬間、栄一はにっこりと笑ったように見えたと伝えられる（大谷、五五頁）。この一一月一一日は、第一次世界大戦後の講和成立を記念した「世界平和記念日」であった。独自の平和への道を希求し、軍国に向かう祖国に静かに抵抗していた栄一にふさわしい永眠の日であったかもしれない。社団法人国際連盟協会は、同日、東京朝日新聞社講堂で東京市と共同で開催予定であった「平和記念日の夕」を急遽プログラムを変更して、「平和記念日と渋沢子爵追憶の夕」として開催し、栄一の死を悼んだ。

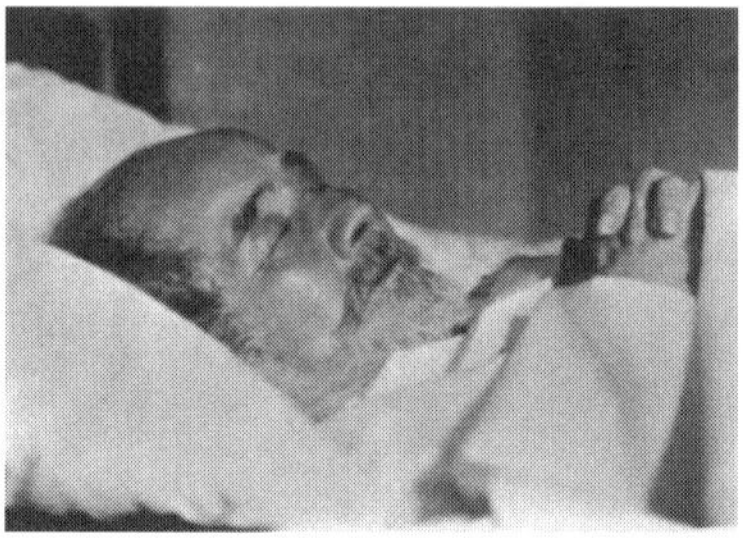
永　眠

一五日に渋沢敬三を喪主、第一銀行頭取佐々木勇之助を葬儀委員長として、青山斎場において葬儀・告別式が行われた。大倉喜七郎、森村市左衛門、古河虎之助、浅野総一郎などの実業家が葬儀の運営を支え、当日、飛鳥山邸から四〇台を超える車列が本郷通を青山に向かう際には、滝野川町民や学校児童だけでなく、東京商科大学、日本女子大学校、東京女学館などの学生・生徒などが沿道を埋め、栄一の死を悼んで見送った（事典、三七頁）。多くの参列者が別れを惜しんだ葬儀・告別式のあと、夕刻、栄一の遺骸は上野寛永寺墓所（谷中霊園）に埋葬された。葬儀の翌一六日東京市養育院、二四日帰一協会、一二月二日二松学舎、九日基督教関係団体、一〇日如水会、一一日実業団体、一二日社会事業団体、一三日竜門社、一四日陽明学会、一八日日本女子大学校など、しばらくの間、栄一を追悼する会合が次々と開かれた。それは、生前の栄一がたゆまず続けてきた社会的な支援の広がりを示していた。

なお、栄一の遺言によって、飛鳥山邸は、財団法人竜門社に寄贈され、栄一が尽力してきた多様な活動の場に引き続き供されることになった。

栄一の死去から三カ月後の一九三二年一月三一日、長女歌子が六八歳で他界した。看病疲れもあったものだろうか。そしてその八カ月後の一〇月六日に、歌子が心配して止まなかった篤二も他界した。こうして渋沢家の一つの時代が幕を閉じた。

葬列を見送る沿道

参考文献

渋沢青淵記念財団竜門社編『渋沢栄一伝記資料』。

青淵回顧録刊行会編『青淵回顧録』上下、一九二七年。

第一銀行編『第一銀行史』一九五七年、上、七六頁。

渋沢栄一『雨夜譚　渋沢栄一自伝』長幸男校注、岩波書店、一九八四年。

渋沢栄一『現代語訳渋沢栄一自伝』（守屋淳編訳）平凡社、二〇一二年。

渋沢栄一記念財団編『渋沢栄一を知る事典』東京堂出版、二〇一二年。


安彦正一「銀行業と財界の形成」渋沢研究会編『公益の追求者・渋沢栄一』山川出版社、一九九九年。

石井寛治A「銀行創設前後の三井組」『三井文庫論叢』一七号、一九八三年。

石井寛治B『大系日本の歴史』小学館、一九八九年。

石井寛治C『資本主義日本の歴史構造』東京大学出版会、二〇一五年、八六頁。

井上潤『渋沢栄一　近代日本社会の創造者』山川出版社、二〇一二年。

大谷まこと『渋沢栄一の福祉思想』ミネルヴァ書房、二〇一一年。

景山礼子「男性と共に社会を担う女性の育成」渋沢研究会編、前掲『公益の追求者・渋沢栄一』。

鹿島茂『渋沢栄一』上下、文藝春秋、二〇一三年。

粕谷誠・武田晴人「両大戦間の同族持株会社」『経済学論集』五六巻一号、一九九〇年。

片桐庸夫『民間外交のパイオニア　渋沢栄一の国民外交』藤原書店、二〇一三年。

橘川武郎A・島田昌和・田中一弘編著『渋沢栄一と人づくり』有斐閣、二〇一三年。

橘川武郎B・パトリック・フリデンソン編著『グローバル資本主義の中の渋沢栄一』東洋経済新報社、二〇一四年。

木村昌人「人的ネットワーク」渋沢研究会編、前掲『公益の追求者・渋沢栄一』。

見城悌治『日本の経済思想　渋沢栄一』日本経済評論社、二〇〇八年。

是澤博昭「日米文化交流」渋沢研究会編、前掲『公益の追求者・渋沢栄一』。

坂本慎一『渋沢栄一の経世済民思想』日本経済評論社、二〇〇二年。

佐野眞一『渋沢家三代』文藝春秋、一九九八年。

渋沢栄一記念財団研究部編『実業家とブラジル移住』不二出版、二〇一二年。

渋沢敬三伝記編纂会『渋沢敬三伝』上、一九八一年。

渋沢研究会編『公益の追求者・渋沢栄一』山川出版社、一九九九年。

渋沢研究会編『はじめての渋沢栄一』ミネルヴァ書房、二〇二〇年。

渋沢秀雄『父　渋沢栄一』実業之日本社、二〇一九年。

渋沢雅英『太平洋にかける橋』（復刻版）不二出版、二〇一七年。

島田昌和A『渋沢栄一の企業者活動の研究』日本経済評論社、二〇〇七年。

島田昌和B『渋沢栄一　社会企業家の先駆者』岩波書店、二〇一一年。

島田昌和C「日清戦後期の経済観」渋沢研究会編、前掲『公益の追求者・渋沢栄一』。

周見『渋沢栄一と近代中国』現代史料出版、二〇一六年。

高田知和「郷里からみた渋沢栄一」平井雄一郎・高田知和編『記憶と記録のなかの渋沢栄一』法政大学出版局、二〇一四年。

武田晴人A『世紀転換期の起業家たち』講談社、二〇〇四年。

武田晴人B『岩崎彌太郎』ミネルヴァ書房、二〇一一年。

武田晴人C『財閥の時代』KADOKAWA、二〇二〇年。

武田晴人・関口かをり『三菱財閥形成史』東京大学出版会、二〇二〇年。

田澤拓也『渋沢栄一を歩く』小学館、二〇〇六年。

田中一弘A「道徳経済合一説の真意」橘川武郎・島田昌和・田中一弘編著、前掲『渋沢栄一と人づくり』。

田中一弘B「道徳経済合一説――合本主義のよりどころ」橘川武郎・パトリック・フリデンソン編著、前掲『グローバル資本主義の中の渋沢栄一』。

靎見誠良「明治初期手形割引制度の移植と手形条例の編纂」『経済志林』五一巻四号、一九八四年。

徳田敦司「株式会社制度の移植と株主責任」渋沢研究会編、前掲『公益の追求者・渋沢栄一』。

宮本又郎編著『渋沢栄一』PHP研究所、二〇一六年。

三和良一・原朗編『近現代日本経済史要覧　補訂版』東京大学出版会、二〇一〇年。

由井常彦・武田晴人編『歴史の立会人――昭和史の中の渋沢敬三』日本経済評論社、二〇一五年。

おわりに

渋沢栄一の九一年の生涯は、その長さ以上に多様な活動によって彩られている。その最初の三分の一は、自らの進路を探りながら、そのときどきの志を遂げようとするなかで変転きわまりないものであった。時代の激しい変動に翻弄された面もあるとはいえ、そのなかで栄一は、次第に民間事業の地位向上へと自らの使命を定めていくことになった。それは、若いころに身分制社会の理不尽さ、不条理にふれたことに根ざしており、そうした身分制の呪縛から脱出する方向が、欧州旅行の体験のなかで体得された。それは、実現可能な未来社会像として欧州で見聞した民主的な社会を希求するものであった。

幕臣から新政府に勤めた三〇歳台はじめまでを助走期間とすれば、民業に転じたのちには、第一国立銀行の創設に関わり、これを拠点にして製紙・紡績・損害保険・人造肥料など近代的な産業の移植に携わり、率先垂範して経営者としてなすべき仕事に力を尽くし、民業にあるべき姿を示すことに栄一は邁進した。その点で栄一は、経営課題に正面から向き合って克服を図る経営者であった。それだけでなく、株式会社制度を利用して資金を集め、有用な人材を育成し、技術的基盤を日本人の手で整え、近代的な企業が備えるべき要件がどのようなものであるかを実践を通して示し続けた。カネだけでなく人的な資本も合わせて企業活動を推進する方策について、栄一は、「合本」「合本主義」と表現するようになるが、それは経験的に積み上げられた知恵が集約されたものであった。すでに指摘されているように、栄一が唱えた「合本主義」を「株式会社制度の父」というように株式会社制度に引きつけて理解することは、栄一が追求し続けてきたものを正確には捉えたことにはならない。

株主、そしてトップもミドルも含めた経営者などが企業経営において果たすべきそれぞれの役割を説く栄一は、「合本」のなかに衆知を集め、衆議をこらして経営に誤りがないようにすることを意図していたように思われる。それは企業経営のあり方を通して「民主的」な組織運営の利点を社会的に浸透させたいという思いがあったとも理解できる。そして、そのようなやり方は、株主や経営者などのステークホルダー間の意見の対立――それはしばしば内紛にまでこじれたが――に対して栄一が調停者として引っ張り出されるようなコストを払うことにもなった。

そうした問題があって栄一は、一方で株主に対して長期的な視点で企業の経営方針を考えること、経営者に対しては、会社の業務に誠実で遵法精神に則った行動を求めた。このような理念は、今日でも参照すべき規範であり、株主本位の経営に傾斜した現代の企業経営のあり方を見直すうえで重要なものであろう。

他方で、こうして衆議を集める民主的なやり方は、銀行集会所や東京商業会議所などを設立して同業者の意見をまとめることを通して、必要な制度改正などを実現していくという側面にも表出していた。第一国立銀行創設時には、大蔵省に在職していた時代の人的な関係も利用して、必要な方策を政府からも引き出していた栄一であったが、時代が下がり、大日本帝国憲法が制定され、議会が開設されるようになると、それに合わせて政府への働きかけ方も、民間を代表して意見を具申する方向に転じた。こうして栄一は実業界を代表する存在となった。しかし、その栄一でも、営業税課税や金本位制採用に関する反対など、民間の意見を実現することは難しかった。それでも、栄一は軍備拡張を主軸とする財政膨張に対する正面からの反対意見を臆することなく発信し、民業への圧迫を和らげようと努めた。

現代では、栄一の企業経営に関する考え方は、『論語と算盤』などを引用しながら、営利追求と企業の公益性や社会的責任の関係を論じられることが多くなった。そうした捉え方が有用であることは間違いないが、第一義的に栄一が企業のあり方として重視したのは、企業が目的とする事業活動がもつ社会的な意義に即して、株主も経営者も企業成長に必要な条件を整えることであった。それ故に、会社を、あるいは株式取引を私的な営利追求の手段とすることには、厳しいまなざしを向けていた。栄一は、しばしば出資した事業が不成功に終わるという事態にも直面した。しかし、それでも株式会社であれ、合資会社であれ、合名会社であれ、匿名組合であれ、法人形態にとらわれず、その事業が民業の発展につながるような社会的に意義のあるものであると考えれば、出資をためらうことはなかった。その意味で、栄一の行動は算盤づくで、算盤をはじいて会社設立に関与したものではなかった。

これが民業に精励した時代の栄一の考え方の中核的な精神であったように思われる。その後、古稀を機会に多くの事業との関係を整理した栄一は、それからの二〇年あまりを社会事業や民間外交を中心とした日本の経済発展のなかで新たに浮上した問題群に取り組むことになった。

そのうち、広い意味での社会事業に関することがらは、明治の初めから続けられてきたものであった。東京市養育院の発展に関わり続けた栄一は、第一次世界大戦期になると、ますます深刻化する貧困問題の解決のための社会事業の推進や、顕在化する労働問題への取り組みにも時間を惜しみなく使った。そして、それらに必要な資金集めにも大きな役割を果たした。注意すべきは、栄一のこの行動は、貧富の差が大きい社会構造を前提として、富者が社会的弱者に手を差し伸べる慈善事業の形態を基本としていたことであろう。栄一は進んで必要な資金の拠出に応じたが、それは渋沢家の個人資産から出されたもので、第一銀行などの企業の寄付に依存するものでは必ずしもなかった。個人としてのこのような行動は、富めるものとしての社会的責任の自覚に由来していたのであろう。そして、そうした栄一の志に共鳴する人たちも少なからずいたのが第一次世界大戦以降の日本の姿であった。もちろん、それだけで問題が解決したわけではなく救貧法制定問題に象徴されるように、不備の多い国の社会政策事業を改善することが本筋として求められていた。しかし、当時の政府は、社会主義などへの警戒感は強いものの、社会的な問題、とりわけ貧富拡大が社会的不満の根底にあることへの認識は不十分で、栄一が目指した社会的弱者の救済は十分には実現されなかった。

民間外交では、日米関係やそれと関連した日中関係の改善に、日本の実業界を代表する存在として取り組むことになった。栄一の基本的な立場は、民間の経済交流を活発にし、相互の理解を深めることによって無用な対立は回避できるというものであった。しかし、誠意を尽くした説得も、米国では日本人移民の排斥の動きを阻止することはできなかった。あくまでも相手方の道理に基づく対応を期待し、話し合いによって相互理解が得られることを栄一は願っていた。しかし、日本が国際的なプレゼンスを高め、その外交方針、対外政策が国際的な軋轢を生むなかでは、いかに誠意をもった説得も相手国の世論を動かすことはできなかった。その面では、栄一は、日本の東アジアにおける軍事的な行動がアメリカに対しても、そして何よりも侵略を受けている中国国民に対しても、日本に対する警戒感と批判を強めていることに、十分な配慮がなかったというべきだろう。

それでも、栄一は、二国間の関係改善だけでなく、第一次世界大戦後の世界的な軍縮の機運を歓迎し、大国がそれぞれ軍備縮小を進め、それによって余裕を生じた財政支出を民業の振興に振り向けることを訴え、平和的な世界の構築を求め続けた。

こうした活動は、栄一が実業界を代表する人物として押しも押されぬ存在であったことに由来している。何事かをなそうとする人たちにとって、栄一は頼りになる存在であった。晩年になるにつれて、神輿として担がれることも多くなった栄一は、それでも一つ一つの頼まれごとのなかで、自分が担うべきことを選び取り、誠実に向き合った。もちろん、財界引退のきっかけになった日糖事件のように金儲けの道具として企業を捉える人たちに栄一が利用され、そのために厳しい批判にさらされることもあった。また、協調会の設立など第一次世界大戦後の労働問題の解決に取り組む際には、経済界の主流派からの批判を受けた。しかし、労働者の人格承認要求を核とする運動に栄一は理解を示し、逆風といえどもひるむことはなかった。栄一の「道徳」を重視した理念は、そうしたかたちで栄一の生涯を貫いていくことになった。

その栄一の生涯から、私たちが学ぶべきことは、多いだろう。ただし、栄一から「学ぶこと」と、栄一を「語ること」は別のものである。栄一の生涯を語ることをテーマとする本書では、現代の私たちが「学ぶ」べきことがらについて十分に議論を尽くしているわけではないし、それを果たす力量は私にはない。現代に関わる学びの入り口については、渋沢研究会編『はじめての渋沢栄一』（ミネルヴァ書房、二〇二〇年）などを参照されるとよいだろう。そこでは、渋沢研究の最先端を担う研究者たちによって、それぞれの問題関心にそって栄一から学び取るべきことがらが論じられている。それ以外にも栄一に関する書物は、たびたび指摘してきたように数多くあるから、それらの書物等に栄一から学ぶべきことを考える手掛かりを得るように読者に勧めたい。

その上で、最後に栄一の生涯を通して浮かび上がった特徴をいくつか指摘してまとめに代えよう。

第一に、企業という近代的な制度が日本で定着する上で栄一が果たした役割のなかで際立っているのは、現代の株主第一主義の対極にある理念であった。それは事業活動が社会的に有意義で有用であるかという視点で判断し、それに沿って資本家に対しても、経営者に対しても果たすべき役割を明示していた。そこでは長期的な視点で事業の意義を考え、経営にあたることが求められた。企業は栄一にとっては何よりも社会的な存在であり、社会的に果たす役割によって評価されるものであった。

第二に、栄一の視野には関係する企業だけでなく、広く社会的な課題が捉えられていた。民業を支える経済的諸制度の整備だけでなく、人材の育成のために教育に関わる支援を続け、事業を通して社会に貢献するとともに得られた利益を活用し、社会的な弱者に対する優しいまなざしを持ち続けていた。そのために寄付を集め、社会的な不公正を是正する事業に投入した。それは個人的な営みではあったが、同時にその姿は、富める者が果たすべき社会的役割の模範を示すものであった。第二次世界大戦後には、戦前に比べて格差が縮小したが、そうした富める者に代わって多額の富を集積している企業が、栄一の行動に倣った社会的な責任を果たすことが期待されている。それが現代においても栄一がしばしば言及される理由であろう。しかし、それだけでなく、社会的な課題の解決に取り組む非営利組織に対する支援、ボランティアとしての参加や寄付による支援など、個人としての私たちにも継承可能なものがある。そうした生き方を栄一は生涯を通して示し続けた。

第三に、最近の議論では論及されることが少ないとはいえ、栄一が民間外交を通して実現しようとした協調的な国際関係とそれに基づく平和的な世界の実現は、大国が自国の利害を優先するためにギクシャクとし、対立関係が強まっているかに見える今日の状況を変革する理念として思いおこす必要があることであろう。猜疑心ではなく、信頼に基づいて対話を繰り返すことを栄一は重視した。それに限界があったことは、本書でも指摘した通りである。その実現のためには、対外的な働きかけだけでなく、日本の政府への働きかけも不可欠であった。とくに栄一が強調したように、軍備拡張が財政状態を毀損し、民業の発展を阻害することがないように国の政策を変えるだけの力を持つ必要もある。拳を振り上げながら、手を差し伸べても心が通った握手ができることはない。社会的弱者に冷たい政府が、国民の不満をそらすために対外的に強硬な方針を採ることは歴史上しばしば繰り返されてきた。そうした過ちを繰り返さないためにも、第一次世界大戦後に栄一が目指そうとした平和で社会的弱者にも優しい社会像を改めて思いおこすことが求められているように思われる。

本書は、二〇年ほど前にミネルヴァ書房が「日本評伝選」の刊行を計画した最初のころに依頼を受けたものである。そのころの評伝候補者リストには近代の経済人は数人しかリストアップされておらず、執筆の依頼はそのなかから渋沢栄一を、ということであった。それまでの研究履歴から見れば、私が渋沢の評伝執筆者として適任とは思われなかったが、挑戦してみたい気分もあって勢いで引き受けた。この判断がそれから長く重荷になっていた。全く放置していたわけではなく、研究費を工面して渋沢栄一伝記資料を全巻買いそろえ、さらに渋沢関係の書物を手当たり次第に購入したりしたが、その多くは積ん読状態であった。二〇一五年に大学を退職して時間ができたことから、それまでの仕事の整理とともに、果たしていない約束の山を一つ一つ片付けることになったが、それでも渋沢栄一の評伝執筆にはなかなか手が付けられなかった。それが、渋沢栄一の肖像が日本銀行券のデザインとして採用されることになり、また、二〇二一年のＮＨＫの大河ドラマのテーマとなって、この機会を逃すと約束を果たすことはできなくなりそうだと思っていた。そんなところに、あらためてミネルヴァ書房からの執筆確認の連絡があって、やりかけの仕事を済ませてなんとか、執筆のメモづくりをはじめたのが二〇二〇年のはじめのことであった。

ところが、この執筆作業は経験したことのない困難に直面した。新型コロナ感染症のために、大学や公共の図書館の利用が制限され、文献や資料の参照が簡単ではなくなったからである。それでも幸いなことに、渋沢記念館から渋沢栄一伝記資料の本編五八巻分がオンラインで公開されており、これを参照できることから、なんとか執筆を続けることができた。数多くの渋沢関係の書物のなかで、本書が特別に新しい発見があると言えるポイントはあまりない。それでも、渋沢栄一という巨人のイメージに囚われないように、その時代時代の栄一の姿を描こうと努めたことが、敢えて言えば特色となるかもしれない。渋沢栄一を語りはじめたら止めどなく議論が沸いてくる人たちがたくさんいるから、本書の描き方に違和感や異論が生じるだろうことは、十分に承知している。そうした人たちからの批判を通して、渋沢栄一の姿がより多面的に明らかになっていくきっかけの一つに本書がなれればと願っている。

本書の刊行には、ミネルヴァ書房の編集部中川勇士さんに何から何までお世話になった。ようやく出版にまでこぎ着けたとはいえ、それまで長い期間がかかったのは、もっぱら私が怠惰であったこと以外に理由はない。お詫びの言葉も見つからないが、原稿完成を気長に待っていただいたことに心から感謝したい。

二〇二〇年一〇月末

武田晴人

渋沢栄一略年譜

（渋沢栄一記念財団編『渋沢栄一を知る事典』東京堂出版、二〇一二年より作成）

和暦	西暦	齢	関連事項	一般事項
天保一一	一八四〇	1	旧暦二月一三日、武蔵国榛沢郡安部領血洗島で生まれる。父市郎右衛門、母エイ。幼名市三郎。	
弘化　四	一八四七	8	従兄尾高惇忠から漢籍を学ぶ。	
嘉永　六	一八五三	14	一二歳前後に実名を美雄とする。後に伯父の命名で栄一と改名。家業の畑作、養蚕、藍葉の買入、藍玉製造販売に精励する。父の代理で安部摂津守の岡部の陣屋で用金の納付を命じられる。代官の傲慢さに憤慨し、封建の弊に強い反感をもつ。	6月ペリー浦賀に来航。
安政　五	一八五八	19	従妹千代（尾高惇忠の妹）と結婚。	6月列国と通商条約締結。安政の大獄。
文久　元	一八六一	22	春、江戸に出て、海保漁村塾・千葉栄次郎道場に学ぶ。	
三	一八六三	24	高崎城夜襲を企てたが、尾高長七郎の反対に遭い中	

			止。渋沢喜作と京都に出奔。	
元治 元	一八六四	25	平岡円四郎の推挙で喜作とともに一橋家御用談所下役を命じられる。	**8月**第一次長州征伐。
慶応 元	一八六五	26	一橋家歩兵取立御用掛を命じられ、一橋領内を巡回し兵員募集に成功。また、一橋家財政の充実のため貢米の売り捌きなどを献策。	
二	一八六六	27	一橋慶喜、征夷大将軍に就任し、栄一は幕臣となる。	**1月**薩長提携成立。**7月**第二次長州征伐。
三	一八六七	28	徳川慶喜の弟、民部大輔昭武に従い、パリ万国博使節団としてフランスに渡航。各地を巡り、見聞を広める。	**11月**徳川慶喜大政奉還。坂本龍馬暗殺。
明治 元	一八六八	29	昭武の水戸家相続に伴い帰国。帰朝後、静岡藩勘定組頭を命じられる。	**1月**王政復古令を発す。
二	一八六九	30	**一月**静岡藩に「商法会所」設立。**一一月**新政府に出仕、民部省租税正、改正掛長兼務。	**6月**諸侯版籍を奉還。
三	一八七〇	31	新政府において井上馨のもとで度量規則法、戸籍法、国立銀行条例などの立案・制定を進める（〜七三）。この間、七一年九月「立社略則」を刊行。	
六	一八七三	34	**五月**に政府財政の基礎確立を建白し、大蔵省を退官。**六月**第一国立銀行創立、総監役に就任（七五年頭	**1月**徴兵令。**7月**地租改正条例制定。**10月**征韓論争で西郷・板

			取)。	垣ら下野。
七	一八七四	35	**一一月**東京会議所共有金取締に就任と同時に養育院事務掌理となる。	11月小野組・島田組破綻。
一〇	一八七八	39	**三月**東京商法会議所創立、**八月**会頭となる。**六月**東京株式取引所開業。**七月**東京海上保険会社創立。	2月西南戦争。
一三	一八八〇	41	**一〇月**大阪紡績会社創立世話掛となる。	11月工場払下概則制定。
一七	一八八四	45	**六月**東京商業学校校務商議委員となる。	10月秩父事件。
一九	一八八六	47	**四月**竜門社創立。**一一月**女子教育奨励会設立評議員となる。	
二〇	一八八七	48	**二月**東京人造肥料会社創立委員となる。	
二三	一八九〇	51	**九月**貴族院議員となる。	7月第一回衆議院議員総選挙実施。
二四	一八九一	52	**五月**渋沢家の家法を制定。**七月**東京商業会議所設立、会頭となる。九四年にかけて、東京帽子取締役会長、東京人造肥料社長、東京石川島造船所取締役会長、王子製紙取締役会長、帝国ホテル取締役会長、東京瓦斯取締役会長、札幌麦酒取締役会長に就任。	5月大津事件。
二九	一八九六	57	**九月**法改正により第一国立銀行は第一銀行となり、引き続き頭取を務める。	
三〇	一八九七	58	**三月**渋沢倉庫開業。	3月貨幣法を制定、金本位制の

				確立。
三二	一八九九	60	**五月**京仁鉄道合資会社設立、取締役社長となる。	
三四	一九〇一	62	**五月**井上馨より大蔵大臣就任を打診され断る。王子飛鳥山の新邸に移転。	2月官営の八幡製鉄所が操業を開始。
三五	一九〇二	63	**五月**夫人同伴で欧米視察旅行。	1月日英同盟締結。
三六	一九〇三	64	**一一月**インフルエンザ罹患、喘息を併発。翌年九月まで転地療養。	
三九	一九〇六	67	**七月**南満州鉄道株式会社設立委員長となる。**一一月**大日本製糖設立、相談役となる。	
四〇	一九〇七	68	**二月**帝国劇場創立、取締役会長となる。	
四二	一九〇九	70	**六月**古稀を機に第一銀行・東京貯蓄銀行を除く会社や団体の役職を辞任。**八月**渡米実業団長として渡米。	10月伊藤博文が暗殺される。
四五	一九一二	73	**一月**同族会で遺言書を示し、長男篤二の廃嫡の意思を表明。	
大正二	一九一三	74	**八月**中国興業株式会社（のちの中日実業）創立、会長となる。	
三	一九一四	75	**一月**東北九州災害救援会創立、副総裁となる。	7月第一次世界大戦が勃発。
四	一九一五	76	**四月**渋沢同族株式会社設立、孫の敬三が社長となる。**一〇月**パナマ太平洋万国博覧会の観覧を兼ねて渡米。	1月対華二十一カ条要求。
五	一九一六	77	**二月**日米関係委員会発足、常務委員となる。**七月**第	

			一銀行頭取辞任、相談役となる。九月『論語と算盤』を刊行。	
六	一九一七	78	二月日米協会創立、名誉副会長となる。三月財団法人理化学研究所創立、副総裁となる。	
七	一九一八	79	一月『徳川慶喜公伝』刊行。	
九	一九二〇	81	三月サンフランシスコ日米関係委員会委員を迎え、日米有志協議会開催。	5月第一回メーデーが行われる。
一〇	一九二一	82	一〇月ワシントン軍縮会議実況視察のため渡米。	
一二	一九二三	84	九月大震災善後会創立、副会長。この年暮れから翌春にかけて喘息のため転地療養。	9月満州事変が起こる。
一三	一九二四	85	三月東京女学館館長。	
一四	一九二六	87	三月日本太平洋問題調査会、評議員会会長。八月社団法人日本放送協会設立、顧問となる。	
昭和 六	一九三一	92	八月中華民国水災同情会会長となる。一〇月腸疾患のために手術を受ける。一一月一一日永眠。東京谷中霊園に埋葬される。	

南北朝・室町

後醍醐天皇　上横手雅敬
*護良親王　新井孝重
*懐良親王　森 茂暁
*赤松氏五代　渡邊大門
*北畠親房　岡野友彦
楠正成　兵藤裕己
楠木正行・正儀　生駒孝臣
*新田義貞　山本隆志
*光厳天皇　深津睦夫
足利尊氏　市沢 哲
*足利直義　亀田俊和
佐々木道誉　下坂 守
細川頼之　亀田俊和
円観・文観　田中貴子
足利義詮　早島大祐
足利義満　川嶋將生
*足利義持　吉田賢司
足利持氏　植田真平
足利義政　木下昌規
日野富子　田端泰子
*大内義弘　平瀬直樹
伏見宮貞成親王　松薗 斉
*山名宗全　山本隆志
細川勝元・政元　古野 貢
畠山義就　呉座勇一
足利成氏　阿部能久
世阿弥　西野春雄
雪舟等楊　河合正朝

宗祇　鶴崎裕雄
*満済　森 茂暁
一休宗純　原田正俊
蓮如　岡村喜史

戦国・織豊

北条早雲　家永遵嗣
*北条氏綱　黒田基樹
*北条氏政　黒田基樹
*大内義隆　藤井 崇
*斎藤氏四代　木下 聡
*毛利元就　岸田裕之
*毛利輝元　光成準治
*小早川隆景・秀秋　光成準治
*六角定頼　村井祐樹
*今川義元　小和田哲男
*武田信玄　笹本正治
*武田勝頼　笹本正治
*真田氏三代　笹本正治
*三好長慶　天野忠幸
松永久秀　天野忠幸
*宇喜多直家・秀家　渡邊大門
*上杉謙信　矢田俊文
*大友義鎮　鹿毛敏夫
島津義久・義弘　福島金治
細川幽斎　鈴木 元
*長宗我部元親・盛親　平井上総
最上氏三代　松尾剛次
浅井長政　長谷川裕子

蠣崎・松前氏五代　新藤 透
吉田兼倶　西山 克
山科言継　松薗 斉
*雪村周継　赤澤英二
正親町天皇・後陽成天皇　神田裕理
*足利義輝・義昭　山田康弘
織田信長　三鬼清一郎
織田長益　八尾嘉男
*明智光秀・秀満　小和田哲男
豊臣秀吉　藤井譲治
豊臣秀次　矢部健太郎
*北政所おね　田端泰子
*淀殿　福田千鶴
蜂須賀正勝・家政　三宅正浩
前田利家　東四柳史明
山内一豊・忠義　長屋隆幸
*黒田如水　小和田哲男
*蒲生氏郷　藤田達生
石田三成　堀越祐一
*細川ガラシャ　田端泰子
*支倉常長　田中英道
千利休　熊倉功夫
*長谷川等伯　宮島新一
*顕如　神田千里
教如　安藤 弥

江戸

*徳川家康　笠谷和比古
板倉勝重　谷 徹也
本多忠勝　柴 裕之
本多正純　小川 雄
柳生宗矩　福田千鶴
*徳川家光　野村 玄
徳川吉宗　横田冬彦
*後水尾天皇　久保貴子
後桜町天皇　所 京子
*光格天皇　藤田 覚
*春日局　福田千鶴
宮本武蔵　渡邊大門
*池田光政　倉地克直
保科正之　八木清治
シャクシャイン　岩崎奈緒子
*田沼意次　藤田 覚
細川重賢　安高啓明
松平治郷　小林准士
*二宮尊徳　小林惟司
末次平蔵　岡 美穂子
*高田屋嘉兵衛　生田美智子
沢庵宗彭　芳澤 元
*林羅山　鈴木健一
吉野太夫　渡辺憲司
熊沢蕃山　川口 浩
*山崎闇斎　澤井啓一
山鹿素行　前田 勉
*北村季吟　島内景二
伊藤仁斎　澤井啓一
貝原益軒　辻本雅史

*ケンペル　B・M・ボダルト＝ベイリー
新井白石　大川 真
荻生徂徠　柴田 純
*雨森芳洲　上田正昭
石田梅岩　高野秀晴
白隠慧鶴　芳澤勝弘
前野良沢　松田 清
平賀源内　石上 敏
本居宣長　田尻祐一郎
杉田玄白　吉田 忠
木村蒹葭堂　有坂道子
*大田南畝　沓掛良彦
菅江真澄　赤坂憲雄
*鶴屋南北　諏訪春雄
良寛　阿部龍一
*山東京伝　佐藤至子
*滝沢馬琴　高田 衛
平田篤胤　山下久夫
国友一貫斎　太田浩司
シーボルト　宮坂正英
本阿弥光悦　岡 佳子
小堀遠州　中村利則
狩野探幽・山雪　山下善也
尾形光琳・乾山　河野元昭
*二代目市川團十郎　田口章子
伊藤若冲　狩野博幸
*浦上玉堂　高橋博巳
*佐竹曙山　成瀬不二雄
葛飾北斎　岸 文和
酒井抱一　玉蟲敏子

ミネルヴァ日本評伝選

企画推薦
梅原　猛
ドナルド・キーン
佐伯彰一
角田文衞

監修委員
上横手雅敬
芳賀　徹

編集委員
石川九楊
伊藤之雄
猪木武徳
今谷　明
今橋映子
熊倉功夫
佐伯順子
坂本多加雄
武田佐知子
竹西寛子
西口順子
兵藤裕己
御厨　貴

上代

*俾弥呼　古田武彦
日本武尊　西宮秀紀
*仁徳天皇　若井敏明
雄略天皇　吉村武彦
継体天皇　若井敏明
*蘇我氏四代　遠山美都男
*推古天皇　義江明子
聖徳太子　仁藤敦史
斉明天皇　武田佐知子
*小野妹子・毛人・毛野　大橋信弥
*額田王　梶川信行
弘文天皇　遠山美都男
天武天皇　新川登亀男
持統天皇　丸山裕美子
阿倍比羅夫　熊田亮介
*藤原四子　木本好信
役小角　脊古真哉
*柿本人麿　古橋信孝
*元明天皇・元正天皇　渡部育子
聖武天皇　本郷真紹
光明皇后　寺崎保広
*孝謙・称徳天皇　勝浦令子
藤原不比等　荒木敏夫
橘諸兄・奈良麻呂　遠山美都男
吉備真備　今津勝紀
*藤原仲麻呂　木本好信
道鏡　吉川真司
*藤原種継　木本好信
*行基　吉田靖雄

平安

*桓武天皇　井上満郎
嵯峨天皇　西別府元日
宇多天皇　古藤真平
醍醐天皇　石上英一
村上天皇　京樂真帆子
花山天皇　上島　享
*三条天皇　倉本一宏
藤原薬子　中野渡俊治
*藤原良房・基経　瀧浪貞子
*紀貫之　神田龍身
源高明　所　功
*安倍晴明　斎藤英喜
*藤原道長　朧谷　寿
*藤原伊周・隆家　倉本一宏
藤原定子　山本淳子
*藤原彰子　朧谷　寿
清少納言　三田村雅子
和泉式部　ツベタナ・クリステワ
大江匡房　小峯和明
*阿弖流為　樋口知志
坂上田村麻呂　熊谷公男
*源満仲・頼光　元木泰雄
平将門　西山良平
藤原純友　寺内　浩
源義家　大津雄一
最澄　吉田一彦
円珍　岡野浩二
*空也　石井義長
奝然　上川通夫
*源信　小原　仁
慶滋保胤　吉原浩人
*後白河天皇　美川　圭
*式子内親王　奥野陽子
建礼門院　生形貴重
藤原頼長・師長　樋口健太郎
*藤原秀衡　入間田宣夫
平時子・時忠　元木泰雄
平維盛　根井　浄
木曾義仲　樋口州男
守覚法親王　阿部泰郎
藤原隆信・信実　山本陽子

鎌倉

源頼朝　川合　康
*源義経　近藤好和
源実朝　神田龍身
*九条兼実　加納重文
九条道家　上横手雅敬
北条時政　野口　実
熊谷直実　佐伯真一
*北条政子　関　幸彦
*北条義時　岡田清一
曾我十郎・五郎　杉橋隆夫
後鳥羽天皇　兵藤裕己
北条時頼　山本隆志
北条時宗　近藤成一
平頼綱　細川重男
竹崎季長　堀本一繁
西行　光田和伸
鴨長明　浅見和彦
藤原定家　赤瀬信吾
*京極為兼　今谷　明
*兼好　島内裕子
重源　横内裕人
*運慶　根立研介
快慶　井上一稔
法然　今堀太逸
*栄西　中尾良信
明恵　西山　厚
*親鸞　末木文美士
恵信尼・覚信尼　西口順子
覚如　今井雅晴
*道元　船岡　誠
叡尊　細川涼一
*忍性　松尾剛次
*日蓮　佐藤弘夫
一遍　蒲池勢至
夢窓疎石　原田正俊
*宗峰妙超　竹貫元勝

刊行のことば

歴史を動かすものは人間であり、興趣に富んだ人間の動きを通じて、世の移り変わりを考えるのは、歴史に接する醍醐味である。

しかし過去の歴史学を顧みるとき、人間不在という批判さえ見られたように、歴史における人間のすがたが、必ずしも十分に描かれてきたとはいえない。二十一世紀を迎えた今、歴史の中の人物像を蘇生させようとの要請はいよいよ強く、またそのための条件もしだいに熟してきている。

この「ミネルヴァ日本評伝選」は、正確な史実に基づいて書かれるのはいうまでもないが、単に経歴の羅列にとどまらず、歴史を動かしてきたすぐれた個性をいきいきとよみがえらせたいと考える。そのためには、対象とした人物とじっくりと対話し、ときにはきびしく対決していくことも必要になるだろう。

今日の歴史学が直面している困難の一つに、研究の過度の細分化、瑣末化が挙げられる。それは緻密さを求めるが故に陥った弊害といえるが、その結果として、歴史の大きな見通しが失われ、歴史学を通しての社会への働きかけの途が閉ざされ、人々の歴史への関心を弱める危険性がある。今こそ歴史が何のためにあるのかという、基本的な課題に応える必要があろう。評伝という興味ある方法を通じて、解決の手がかりを見出せないだろうかというのも、この企画の一つのねらいである。

狭義の歴史学の研究者だけでなく、多くの分野ですぐれた業績をあげている著者たちを迎えて、従来見られなかった規模の大きな人物史の叢書として、「ミネルヴァ日本評伝選」の刊行を開始したい。

平成十五年（二〇〇三）九月

ミネルヴァ書房

《著者紹介》
武田晴人（たけだ・はるひと）
1949年　東京都生まれ。
1979年　東京大学大学院経済学研究科博士課程単位取得退学。
1988年　博士（経済学，東京大学）。
現　在　東京大学名誉教授，公益財団法人三井文庫常務理事文庫長。
著　書　『異端の試み』日本経済評論社，2017年。
『日本経済史』有斐閣，2019年。
『日本経済の発展と財閥本社』東京大学出版会，2020年。

ミネルヴァ日本評伝選
渋《しぶ》沢《さわ》栄《えい》一《いち》
——よく集め，よく施された——

2021年4月10日　初版第1刷発行　〈検印省略〉

定価はカバーに
表示しています

著　者　武　田　晴　人
発行者　杉　田　啓　三
印刷者　江　戸　孝　典

発行所　株式会社　ミネルヴァ書房
607-8494 京都市山科区日ノ岡堤谷町1
電話代表（075）581-5191
振替口座 01020-0-8076

共同印刷工業・新生製本

ISBN978-4-623-09165-2
Printed in Japan

人名索引

ア 行

カ 行

サ　行

タ　行

ラ・ワ　行

事項索引

ア 行

カ 行

サ　行

タ　行

ラ　行

ワ　行